LES ORS DE LA RÉPUBLIQUE

DU MÊME AUTEUR

Chefs d'État en guerre, Paris, Perrin, 2019.

Henri Bentégeat

LES ORS DE LA RÉPUBLIQUE

Souvenirs de sept ans à l'Élysée

PERRIN

92, avenue de France
75013 Paris
Tél. : 01 44 16 08 00

ISBN : 978-2-262-08663-3
Dépôt légal : janvier 2021

Mise en pages : Facompo, Rouen

À Chantal.

« Toute ombre en dernier lieu est fille de la lumière et seul celui qui a éprouvé la clarté et les ténèbres, la guerre et la paix, la grandeur et la décadence, a vraiment vécu. »

Stefan Zweig

Prélude

Par un soir de décembre à Paris, la nuit vient de tomber et un vent froid fait frissonner la Seine que j'enjambe à grands pas sur le pont Alexandre-III. Porteur d'un message du Pentagone, je suis attendu à l'état-major particulier du président de la République.

Cette obscure officine ne siège pas dans l'hôtel d'Évreux où règne depuis près de dix ans notre vieux monarque républicain, mais dans la voie publique qui borde son mur oriental. La rue de l'Élysée me surprend par son charme londonien, avec ses porches néoclassiques et ses courtes grilles noires ouvrant par une volée de marches sur des entresols discrets. J'ignore encore que Louis-Napoléon Bonaparte, prince-président et locataire de l'Élysée, en avait confié l'architecture à un proche de sa maîtresse anglaise, Harriet Howard, une actrice fortunée qui avait financé sa campagne présidentielle et qu'il installa rue du Cirque tant que dura leur liaison*.

* La rue du Cirque gagnera en notoriété quand un lointain successeur du prince-président adoptera les mêmes dispositions pour y rencontrer commodément sa maîtresse.

Le numéro 14 affiche son statut martial par une guérite tricolore devant laquelle veille un garde républicain en grande tenue. Comme j'arrive à sa hauteur, il frémit brièvement, scrute mes vêtements civils, mais se détend en ne reconnaissant en moi aucun signe d'autorité qui puisse mettre en péril sa faction.

En réponse à mon coup de sonnette, un garde entrouvre la lourde porte vert sombre et, après avoir contrôlé mon identité, m'escorte jusqu'au premier étage par un escalier monumental couvert d'un épais tapis rouge. Rien, si ce n'est la hallebarde flanquée d'un fanion rouge et blanc qui se dresse à l'abord d'une double porte fermée sur la vaste antichambre, ne laisse deviner la présence d'un état-major. Le mobilier Empire, raide mais de bonne facture, le grand tapis de la Savonnerie et les tableaux de batailles de l'ère napoléonienne semblent indiquer que le temps s'est arrêté ici au soir de Waterloo, comme dans les bâtiments officiels de Sa Majesté britannique. Un silence presque oppressant règne sur les lieux, évoquant en moi l'atmosphère lourde de la Seigneurie d'Orsenna dans *Le Rivage des Syrtes*.

Par un étroit couloir de côté, je rejoins le bureau de l'adjoint Terre du chef de l'état-major particulier où m'accueille chaleureusement le général Huchon, dont j'ai aimé l'autorité souriante quand je servais sous ses ordres à Nantes. Je ne suis pas surpris de le voir en civil, car, à l'ambassade de France à Washington où je seconde l'attaché de défense, on n'endosse l'uniforme que pour aller au Pentagone. Le bureau de Huchon s'ouvre par deux hautes fenêtres sur la rue de l'Élysée et, au-delà du mur d'enceinte, sur le parc ombragé du Palais que l'obscurité a envahi.

Je lui expose la raison de ma visite. Le général Powell, chef d'état-major des armées américaines, a fait savoir à notre attaché que, faute d'un engagement ferme de la France à participer à l'opération envisagée contre l'Irak pour libérer le Koweït occupé, il se verrait contraint d'exclure nos forces de la planification en cours. Il demande une réponse dans les trois jours.

Dès ma descente de l'avion, ce matin, j'en ai rendu compte au chef du cabinet militaire du ministre de la Défense, qui m'a sur-le-champ accompagné dans le bureau du chef d'état-major des armées (CEMA). Ce dernier, le général Schmitt, n'a pas hésité : « Il faut que vous voyiez l'amiral Lanxade. »

Huchon ouvre une porte derrière son bureau, entre dans un sas étroit et toque discrètement. Je ne connais pas l'amiral dont mon chef, le général Mathieu, et mes amis diplomates font grand cas à Washington. Visiblement agacé de n'avoir pas été alerté par le conseiller national de sécurité du président Bush avec lequel il entretient des liens étroits, il ne m'invite pas à entrer dans son bureau et m'interroge brièvement avant de m'éconduire d'un définitif : « Je m'en occupe. »

Au général Huchon, qui me fait l'honneur d'un tour rapide des lieux, je demande naïvement : « N'est-il pas dommage que l'état-major particulier ne soit pas installé dans le Palais ? » « Au contraire, me répond-il, nous y gagnons en discrétion et donc en liberté. D'ailleurs, deux services essentiels se trouvent aussi dans la rue de l'Élysée, la Communication et la cellule Afrique. »

Cette brève intrusion dans le bastion douillet et calfeutré de la présidence de la République me conforte dans l'idée préconçue que j'ai du pouvoir suprême : un lieu calme et voluptueux enveloppé de secret où s'échouent les vagues tumultueuses de l'actualité et du malheur des temps.

Dans la chambre vieillotte et confortable que j'occupe au Cercle national des armées, je peine à trouver le sommeil. Revivant une à une les séquences de cette journée insolite, je m'interroge sur le rôle des chefs militaires que j'ai rencontrés et sur l'agencement incertain des circuits de décision. Mon chef, le général Mathieu, a vu juste en établissant des liens privilégiés avec l'amiral Lanxade. Le lendemain soir, en quittant l'aéroport de Washington-Dulles, je me rends directement à son domicile, une jolie maison de style Regency dans un quartier élégant où pas un brin d'herbe ne s'égare. Mes commentaires naïfs ou perfides suscitent son hilarité. En quelques mots, il m'explique le jeu des institutions et leur réalité mouvante largement tributaire de l'usage qu'en font les détenteurs d'une parcelle de pouvoir. Le whisky coule à flots dans mon estomac à jeun et, en le quittant, j'emboutis au premier carrefour un véhicule prioritaire. Dégrisé, je rejoins tardivement mon domicile de Greyswood Road où ma femme m'attend patiemment, comme si souvent depuis vingt ans. Inquiète et confiante, elle me glisse dans un sourire : « Tout s'est bien passé ? » Ma réponse la désarçonne : « Tout sauf la voiture. »

1

Premières armes

Le 4 mai 1993, je quitte sans regret l'École militaire pour rejoindre l'état-major particulier (EMP) de François Mitterrand.

Rappelé de Washington au bout de deux ans pour suivre les cours du Centre des hautes études militaires, j'ai pu mesurer ma chance d'avoir vécu en direct, auprès du Pentagone, le déroulement de la première guerre en coalition de l'« ère nouvelle » ouverte par la chute du mur de Berlin. Les rapports directs que j'ai pu avoir avec les principaux responsables militaires et avec l'entourage susceptible de Pierre Joxe, l'efficace et irascible ministre de la Défense, sans compter mes contacts quotidiens avec les diplomates séduisants de l'ambassade, m'ont ouvert l'esprit sur les mœurs politiques françaises et américaines. Fasciné, sans me l'avouer, par les feux du pouvoir, je reprends contact, dès le mois de novembre, avec le général Huchon. D'entrée de jeu, ce dernier m'affirme qu'il verrait d'un bon œil que je me porte candidat à sa succession, au printemps prochain. Sa suggestion devrait me transporter de joie, pourtant, pendant un mois, je m'interroge. Ai-je vraiment envie de plonger dans cet univers étranger à ma vocation de soldat ? Ne ferais-je pas mieux, comme le suggère mon gestionnaire, de postuler pour un commandement d'un an au Liban pour y acquérir le précieux viatique « opérationnel » indispensable aux futurs grands chefs ? Certains de mes camarades vont jusqu'à prétendre qu'on ne peut servir à l'état-major particulier si on ne partage pas les choix politiques du Président. Ce point de vue m'agace, tant il est évident qu'en servant auprès du chef des armées, on s'inscrit dans la chaîne de commandement au même titre que les exécutants du bas de l'échelle. Je peinerai à le faire comprendre à mes parents, horrifiés à l'idée de devoir dire à leur cercle d'amis traditionnels que leur fils rejoint l'équipe de François Mitterrand à l'Élysée…

Huchon, qu'on ne peut suspecter de socialisme, ni de goût pour les jeux politiques, emporte ma décision et celle de son chef, le général Quesnot. Ce dernier ne m'est pas inconnu. Baroudeur incontesté, il m'a tiré d'une situation difficile au Tchad quelques années plus tôt. Cet officier parachutiste trompe son monde en affichant des manières de soudard qui masquent un esprit vif et rusé et une rare connaissance des matières budgétaires. Il m'a choisi, prétend-il, pour l'impertinence avec laquelle j'ai répondu à ses questions lors d'une visite à Washington.

Ayant opté, comme François Mitterrand, pour un mobilier contemporain froid et élégant mais inattendu dans la bonbonnière bourgeoise, ornée d'un bas-relief lascif, qu'il occupe, il a fait don à son adjoint des meubles Empire hérités de ses prédécesseurs. Je m'assieds donc avec ravissement derrière un bureau somptueux en acajou moucheté dont on me dira plus tard qu'il a été celui de Murat quand il occupait l'Élysée.

Les consignes avec Huchon sont brèves. Des sept téléphones, cryptés pour la plupart, qui trônent sur une console, il en retire deux « qui ne vous seront plus utiles ». Mon prédécesseur, ancien des Forces spéciales, n'aimait rien tant que d'être au cœur de l'action.

Les dossiers qui me sont dévolus sont peu nombreux, mais sensibles : Conseils de défense, crises africaines, lois de programmation et budgets des armées. « Ne vous fatiguez pas pour ces derniers, Quesnot maîtrise tout. » Une dernière consigne : « Les notes pour le Président, deux pages maximum. »

Le lendemain, alors que j'explore avidement les archives de l'armoire forte incongrue qui me fait face, Quesnot fait irruption dans mon bureau. Le Président veut savoir ce qu'il y a de vrai dans la description des Conseils de défense que fait Attali dans son dernier livre, *Verbatim*. Trois heures plus tard, après une plongée dans les relevés hautement classifiés des Conseils de défense et une lecture minutieuse de l'ouvrage de l'ancien conseiller de François Mitterrand, je tends à mon chef une note d'une page. Elle me revient le lendemain, enrichie de la marque du Président : un « vu » en lettres arrondies d'une calligraphie désuète, presque enfantine, entouré d'un cercle et suivi des initiales FM. « Qu'est-ce que cela veut dire ? » Quesnot rit de bon cœur : « C'est sa réponse à la plupart des notes. Cela peut vouloir dire "Merci" ou "Je m'en occupe" ou encore "Débrouillez-vous". Dans le cas présent, l'affaire ne nous concerne plus. » Selon Éric Orsenna, dans son livre autobiographique, *Grand Amour*, publié quelques semaines plus tard, François Mitterrand aurait rejeté un projet de discours qui lui était soumis avec ce bref commentaire : « Pour qui vous prenez-vous ? Pour qui me prenez-vous ? » Apocryphe ou non, la formule est superbe et sonne juste : Saint-Simon rapportant les traits d'esprit du roi.

Je franchis pour la première fois la porte du Palais pour me présenter au secrétaire général, Hubert Védrine. Il occupe au premier étage une vaste pièce meublée avec élégance dans la plus pure tradition du XVIIIe siècle et contourne son bureau Louis XV pour m'accueillir. J'ai lu quelque part que, dans cette pièce, la duchesse de Berry a sangloté sur le corps de son mari assassiné et, de désespoir, a coupé sa longue chevelure brune. Hubert Védrine est d'un abord simple et son verbe clair et direct. Grand et massif, le front haut dégarni et le cheveu blond grisonnant en bataille, il incarne royalement l'esprit des lieux. Son complet de bonne coupe et sa cravate discrète témoignent de sa longue pratique des usages de la cour. N'était son regard lumineux, pétillant d'intelligence, on pourrait le croire inoffensif. À l'entendre, le halo de mystère qui entoure François Mitterrand n'est qu'un fantasme de journalistes. Ici on travaille pour la France et son chef. Depuis les élections législatives remportées par la droite et la nomination récente d'Édouard Balladur au poste de Premier ministre, on s'accommode de la cohabitation politique, sans polémiques mais sans concessions sur les responsabilités du Président. Je le quitte rassuré.

Dans l'antichambre, sur le palier du premier étage, j'admire un instant les portraits des présidents de la Ve République. Celui du général de Gaulle, peint par Chapelain-Midy, ne me semble pas à la hauteur de l'image que se faisait de lui-même le chef de la France libre. Il y manque le souffle puissant de la volonté et le frisson de la gloire. David ou Goya eussent enflammé la toile avec un sujet pareil… L'huissier de service s'approche. Sa grande taille, son port majestueux souligné par l'habit noir à queue-de-pie et le grand collier métallique qui orne sa poitrine le désignent pour le rôle de gardien du temple. Je ne le connais pas encore, mais je devine qu'aucun secret du Palais n'échappe à sa vigilance. Pour en connaître un peu plus, il me faudra vaincre sa réserve courtoise. « Pourquoi manque-t-il le portrait de Valéry Giscard d'Estaing ? » « Il est prêt, me répond-il, mais il ne sera accroché ici qu'après sa mort. »

En descendant l'escalier raide, solennel et provocant, que Murat fit construire pour accéder commodément à l'étage, je rêve de visiter les grands salons du rez-de-chaussée, mais la présence d'un garde m'en dissuade. Quel prétexte invoquer, si ce n'est l'insatiable curiosité qui m'habite ?

2

Premier contact

François Mitterrand a décidé de réunir un conseil restreint, mercredi, après le Conseil des ministres. Dix jours après mon arrivée, je vais enfin le rencontrer, car, bien qu'il ait coutume de s'entretenir avec ses nouveaux collaborateurs, il ne m'a pas encore reçu.

Cette instance, créée à l'occasion de la guerre du Golfe et tombée en désuétude, va être réactivée pour faciliter la gestion des opérations militaires. Le souvenir amer de ses différends publics avec Jacques Chirac sur les questions militaires l'a décidé à recourir à cette procédure confidentielle à l'abord d'une nouvelle cohabitation politique.

Autour du chef de l'État se réuniront le Premier ministre, les ministres concernés par l'ordre du jour, le chef d'état-major des armées, le secrétaire général de la Défense nationale et le secrétaire général du gouvernement. Védrine et Quesnot y siégeront et j'en ferai le compte rendu avec mes camarades, les adjoints Marine et Air de l'état-major particulier. Je mesure ma chance : sous mes yeux (et sous ma plume ?) s'écrira une nouvelle page de l'histoire de France.

La préparation du conseil restreint se réduit à une longue réunion au Quai d'Orsay, le mardi après-midi, sous la présidence de son secrétaire général, Bertrand Dufourcq, un diplomate expérimenté et rigoureux que rien ne détourne de l'essentiel et qui résume en quelques phrases la teneur de débats parfois houleux. Le même soir, Quesnot m'informe des positions prises par le Premier ministre au cours d'un comité restreint auquel il a été convié et je rédige pour le Président un « fil conducteur » et des propositions de décisions.

Ce mercredi matin du mois de mai, je découvre le salon des Portraits où Napoléon III fit représenter au début de son règne huit souverains européens, dont le pape Pie IX qu'il n'aimait guère. Ce petit salon d'angle, cossu et élégant, ne déplaît pas à François Mitterrand, qui a le goût de l'Histoire et la passion de l'Europe. Quesnot y a fait dresser une table rectangulaire couverte d'un tapis vert et, en retrait, un bureau modeste de style Empire destiné aux secrétaires de séance. Pour cette circonstance officielle, nous avons revêtu l'uniforme. Sur ma tenue grise, « terre de France », de colonel des troupes de marine, aucun insigne ne trahit mon affectation à l'Élysée. L'état-major particulier est, à ma connaissance, la seule formation militaire qui ne se soit pas dotée d'un emblème hiératique, comme si son absence suffisait à établir sa singularité.

Soudain, la double porte s'ouvre et la voix forte de l'huissier proclame : « Monsieur le président de la République ! »

François Mitterrand fait son entrée, marchant à pas lents, le visage pâle et impénétrable. En dépit de sa petite taille, une formidable autorité se dégage de sa personne. Le plus près de la porte, je me fige au garde-à-vous et me présente : « Colonel Bentégeat. » Il hoche la tête, me scrute un bref instant et me tend une main sèche et ferme que je serre : « Bonjour, colonel. » Derrière lui, Édouard Balladur m'ignore superbement.

Le Président ne s'embarrasse pas de préliminaires. « Passons au premier point de l'ordre du jour. » Se penchant vers son voisin de droite, il s'adresse à François Léotard, ministre de la Défense : « Monsieur le ministre d'État… ministre d'État ! Quand même ! » Ce dernier rougit sous l'affront, s'ébroue un instant et se lance dans une présentation de la situation en Bosnie. Il sait que le chef de l'État ne l'aime pas et il doit s'en accommoder, d'autant qu'il le rencontre en tête à tête une fois par semaine. Leurs entretiens sont laborieux, je l'apprendrai vite, mais heureusement un goût commun pour la littérature leur permet parfois d'échapper à la grisaille des dossiers partagés pour communier ensemble sur l'autel de Calliope et Thalie.

Mitterrand feuillette rapidement la note que j'ai rédigée et se tourne vers Alain Juppé qui siège en face, à la droite de Balladur. Quand le ministre des Affaires étrangères s'exprime, Mitterrand marque son attention, lui manifestant ouvertement son estime. Son maintien raide et le masque de sévérité qu'il plaque sur son visage sont contredits par l'aisance nonchalante de son exposé soulignée par l'accent chantant du Sud-Ouest. Je pressens que, chez lui, le normalien s'amuse du discours convenu de l'énarque. Puis c'est le tour de Lanxade, qui est dans son élément. Il « sent » le Président, dont il a su gagner la confiance quand il était le chef de son état-major particulier. Il avance méthodiquement ses propositions, sans jargon militaire. « Monsieur le Premier ministre ! » Le visage impassible, froid et courtois, Édouard Balladur expose sans détour son point de vue, d'une voix posée, vaguement snob.

Le chef de l'État prend enfin la parole, abandonnant la posture compassée qu'il affichait jusqu'ici. La bête politique se réveille, encore habitée par la passion et nourrie de convictions fortes mais servie par une rouerie teintée de mépris qui est la scorie d'une longue vie de combats politiques. À ses interlocuteurs captifs, il impose un cours d'histoire et d'ethnographie d'une érudition dérangeante.

Je guette en vain une réaction sur les visages des membres du gouvernement auxquels le vieux maître fait la leçon. La cohabitation, il est vrai, en est à ses débuts et il se murmure que François Mitterrand a dit en souriant d'Édouard Balladur qu'il était le « meilleur de ses Premiers ministres », un compliment que ce dernier a choisi de prendre au premier degré.

3

Duplicités

L'inquiétude me gagne. J'ai rejoint l'Élysée depuis trois semaines et le Président n'a toujours pas signé le décret entérinant ma nomination. Dans le passé, il n'a jamais attendu plus de quarante-huit heures avant d'officialiser la désignation d'un de ses conseillers, civil ou militaire.

Quesnot s'est pourtant assuré auprès de Paulette, qui règne sur le secrétariat particulier, de la présence du projet de décret sur le bureau du chef de l'État.

Conscient de mon statut de passager clandestin, je m'inquiète d'un retour peu glorieux dans les armées sous l'étiquette infamante de « retoqué par le président de la République ». Je n'en poursuis pas moins mes « visites d'embarquement ».

Anne Lauvergeon, secrétaire générale adjointe, m'accueille avec chaleur. Cette jeune femme, ingénieur des Mines, dégage un étonnant parfum de séduction et d'autorité. Le Salon vert qu'elle occupe est un sas obligé pour accéder au bureau du Président. Avant elle, Jacques Attali savait tirer avantage de cette position stratégique, interrogeant les visiteurs, suggérant des approches, ou recueillant des impressions, tissant sa toile dans l'ombre du maître. Elle ignore visiblement mon statut précaire et manifeste un intérêt non feint pour les questions militaires. En la quittant, je remarque l'ensemble exceptionnel de sièges, qu'on eut dit « Art déco », qui meuble la pièce. « Ils datent du XVIIIe siècle, me dit-elle en souriant, je n'ai jamais rien vu d'aussi beau. » Je m'en souviendrai deux ans plus tard quand le Mobilier national découvrira subitement que ces fauteuils entrent dans la catégorie des biens juifs spoliés pendant l'Occupation et les restituera à leur propriétaire légitime.

En me présentant, la semaine suivante, au 2, rue de l'Élysée, j'ai conscience d'accéder à l'un des antres les plus mystérieux et les plus décriés de la République. Depuis Foccart, la cellule Afrique a été accusée de tous les maux dont souffrent les anciennes colonies françaises. Coups d'État, corruption, guerres civiles, élections truquées sont systématiquement imputés aux réseaux de la Françafrique dont elle est le centre et le cœur. On dit dans les couloirs que son ancien chef, Jean-Christophe Mitterrand, surnommé « Papa m'a dit », était de toutes les combines.

Aussi ma surprise est-elle grande quand je suis reçu par Bruno Delaye. Cet énarque dandy et volontiers gouailleur, au style flamboyant, est un diplomate classique comme j'en ai connu à Washington, habile mais rigoureux et intègre. À mots couverts et avec un brin d'ironie, il me laisse entendre que ce ne sont pas les militaires qui font la politique africaine de la France. Ses adjoints, Dominique Pin et Georges Serre, avec lesquels je travaillerai au quotidien, sont plus chaleureux et passionnés. J'ai un sursaut quand ils parlent de « Tonton » pour évoquer François Mitterrand.

Ce surnom bonhomme et familier hérité du *Canard enchaîné* lui va comme des bretelles à un lapin. À l'état-major particulier où on vénère ses chefs, comme le veut la tradition militaire, on s'offusquerait de cette épithète.

Enfin, je rends visite au général Vougny. Cet ancien commandant des Forces aériennes stratégiques occupe une place à part dans l'organigramme de l'Élysée. « Conseiller stratégique pour les affaires nucléaires et industrielles », il ne dépend pas de Quesnot, avec lequel ses relations sont exécrables. Son rôle et son influence sont difficiles à apprécier, car sa fonction première est celle de partenaire du Président au golf. Deux matinées par semaine, il l'accompagne à la base aérienne de Villacoublay où ils font ensemble un parcours. Peu de gens peuvent se vanter de tête-à-tête aussi fréquents avec le « sphinx ». Cet officier intelligent et courtois m'interroge brièvement avant de mettre les pieds dans le plat : « Savez-vous pourquoi le Président refuse de signer votre nomination ? » Je tombe des nues. « Il est mécontent du sort réservé par Quesnot au général Varret. Il ne signera pas tant que l'ancien chef de la mission militaire de coopération n'aura pas été reclassé à un poste qui lui convienne. »

Rentrant précipitamment à l'EMP, j'informe Quesnot, qui accuse le coup et m'explique en deux mots que Varret a fait son temps et a été rayé des cadres d'active, mais que, malheureusement, il a tapé dans l'œil du Président, qui l'a croisé en Afrique dans le cadre de ses anciennes fonctions… Ainsi ai-je été pris en otage dans une querelle masquée entre le chef de l'État et le chef de son état-major particulier à propos du sort d'un officier que je connais à peine !

Quelques heures plus tard, Varret se retrouve à la tête de la COFRAS, une société publique qui se consacre à l'accompagnement des ventes d'armement et, le lendemain, François Mitterrand officialise enfin ma présence à l'Élysée.

J'entrevois d'emblée la complexité des relations que le vieux mandarin entretient avec son entourage. Pourquoi n'a-t-il pas simplement donné l'ordre à Quesnot de reclasser Varret selon ses souhaits ? Sans doute aime-t-il entretenir un climat d'insécurité autour de lui et a-t-il voulu sanctionner le fait qu'on n'ait pas anticipé ses désirs. Sa grève des signatures n'était qu'une forme de maïeutique, l'accoucheur en l'occurrence étant Vougny. Que ne l'ai-je visité plus tôt ?

4

La cour et les autres

La « cour » du monarque républicain n'est pas cette phalange de jeunes technocrates imbus d'eux-mêmes et travailleurs acharnés qu'on décrit aujourd'hui. Les énarques y sont en minorité et les grandes figures comme Régis Debray ou Jacques Attali ont quitté le clan plus ou moins en rupture de ban. Je vois plutôt une horde disparate, unie seulement par la vénération qu'elle porte au vieux chef, qu'Hubert Védrine s'efforce d'orienter et de canaliser. La tâche est d'autant plus ardue que le Président décourage les réunions et stimule la compétition entre ses collaborateurs, se réservant d'arbitrer en s'appuyant sur les informations qu'il reçoit de ses réseaux extérieurs, « entrelacs d'amitiés, de fidélités et de complicités* ».

Ses apparitions provoquent toujours le même émoi : « Quand il descend, la sonnerie retentit. Cela veut dire que le Président arrive. Et tout change. On se croirait dans un film de Tex Avery. Les corps se mettent au garde-à-vous, les sourires se figent, les conversations

* Hubert Védrine, *Les Mondes de François Mitterrand*, Paris, Fayard, 1996.

s'arrêtent. On retient son souffle pour lui dire bonjour... Lui, plutôt patelin et bonhomme, s'enquiert des uns et des autres, visse son chapeau sur sa tête et descend les marches du perron en feignant de ne pas voir la bataille qui s'engage alors entre les conseillers pour savoir qui aura l'honneur de s'asseoir à côté de lui, dans sa voiture*... »

Peu nombreux et enviés sont ceux qui ont un accès direct à sa personne. Parmi eux, outre Védrine et Lauvergeon, on trouve Pierre Chassigneux, l'insaisissable directeur de cabinet, et surtout Michel Charasse, compagnon de longue date, personnalité truculente et inclassable qui dispose d'un petit appartement dans le Palais où il reçoit discrètement, prépare les coups et organise les parades. Sa silhouette trapue, son crâne dégarni, ses lunettes rondes et ses cigares odorants inspirent à tous un respect mêlé de crainte. Quand on le croise dans le Palais ou dans la rue de l'Élysée, on s'incline profondément avant de s'enfuir en se félicitant de n'avoir pas retenu son attention et d'échapper ainsi à son humour féroce. Parmi les familiers du Président, il faut aussi compter Jacques Pilhan, le discret *spin doctor* dont l'avis est souvent décisif sur les dossiers sensibles et, bien sûr, Vougny sur les parcours de golf. Il y a enfin Laure Adler, l'inattendue mémorialiste des derniers mois du règne dont le témoignage doit compléter et renforcer la mission confiée à l'archiviste maison, Françoise Carle, dont la silhouette menue hante les coursives depuis le premier septennat. Plus que jamais, le vieux monarque, à l'approche de la fin, entend façonner la trace qu'il

* Laure Adler, *L'Année des adieux*, Paris, Flammarion, 1995.

laissera dans l'Histoire. François de Grossouvre, en revanche, n'est plus en cour, comme chacun le sait et, cantonné à la gestion des chasses présidentielles, passe ses humeurs sur sa secrétaire militaire qu'on doit relever tous les mois.

Certains, parmi les « militants », savent à peine tenir une plume. Une note d'une chargée de mission tombée entre mes mains me laisse pantois. Comment le fin lettré qu'est François Mitterrand peut-il tolérer tant de vulgarité et de langue de bois ? Jeux politiques sans doute, mais certains prétendent que sa figure hiératique sculptée par le temps et la souffrance cache encore un goût inavoué pour la « provocation canaille ».

En civil ou en uniforme, les militaires sont partout. Constituant près de la moitié du personnel discret et dévoué de la « première maison de France », ils gardent, annoncent, saluent, cuisinent, servent à table, réparent, tapent à la machine, rédigent ou archivent. La plupart relèvent du commandant militaire du Palais, un colonel de gendarmerie en charge de la sécurité et des honneurs officiels.

L'état-major particulier s'en distingue par son statut. Son chef et ses adjoints prennent rang parmi les conseillers et les deux aides de camp du Président qui lui sont rattachés ont un rôle à part dans l'organigramme de l'Élysée. En réalité, seul le chef de l'EMP a une place reconnue par le protocole, la deuxième, derrière le secrétaire général. Cette position prestigieuse lui donne un poids indiscutable dans les réunions officielles, mais je ne suis pas long à comprendre que la seule hiérarchie qui compte est celle du degré de proximité avec le chef de l'État qu'on vous prête.

Nous autres adjoints devons capitaliser sur le poids de Quesnot et notre parole ne vaut qu'en privé dans les échanges que nous engageons avec les conseillers de l'Élysée, de Matignon et du Quai d'Orsay. À mon désarroi, les choses ne sont guère différentes au ministère de la Défense. Au cabinet de Léotard, je bénéficie heureusement des liens amicaux forgés à Washington avec le colonel Louis Dillais, chef du Bureau réservé en charge des services de renseignements, et Gérard Araud, conseiller diplomatique, deux esprits libres que tout sépare si ce n'est la passion du service.

Dans les états-majors, en revanche, je suis souvent accueilli avec méfiance et froideur. Je me vois même interdire l'accès au Centre d'opérations interarmées et je dois en appeler au plus haut niveau pour que cette consigne soit levée. L'hostilité fréquente que je rencontre en milieu militaire trouve son origine dans les relations conflictuelles qu'entretiennent Quesnot et Lanxade, mais elle est aussi le fruit d'une étrange fiction qui fait son chemin dans les popotes et selon laquelle Édouard Balladur, adoubé par le scrutin national le plus récent, serait *de facto* le nouveau chef des armées. Cette interprétation aberrante de la Constitution me scandalise et complique ma tâche, qui consiste pour l'essentiel à informer le Président et à vérifier que ses directives sont appliquées.

À l'état-major particulier, mon mentor prend le visage de Mme Pac. Cette grande femme brune, au visage avenant, énergique et rieuse, secrétaire de Quesnot, a connu en dix ans quatre chefs de l'EMP et, sans rien livrer des dossiers confidentiels passés entre ses mains, m'initie à la grammaire du pouvoir. Un jour d'avril 1995, comme j'admire une nouvelle fois le tableau de Vuillard qui veille sur son bureau, elle découvre, coincée entre deux tiroirs, une note signée du général Saulnier dont l'objet est… le *Rainbow Warrior*. J'ignorerai toujours le contenu et le sort de ce document brûlant qu'elle soustrait aussitôt à ma curiosité. Mme Pac a pour ses chefs anciens et à venir une révérence qui varie selon le degré de confiance acquis par chacun auprès du Président. Quelques années plus tard, elle guidera mes premiers pas d'un sibyllin : « Vous devriez… »

5

Le verbe

François Mitterrand lisait-il les discours que rédigeaient pour lui ses conseillers ? Personnellement, je ne l'ai jamais vu se lier à un texte autrement que pour reprendre son souffle et y trouver matière à une nouvelle envolée. Sans doute en fut-il autrement dans les premiers temps quand Régis Debray inspirait le « discours de Cancún » ou quand Éric Orsenna lui prêtait sa lyre légère et élégante. On sait aussi que ses interventions publiques dans les moments de crise aiguë faisaient l'objet d'une préparation minutieuse. Il rassemblait alors ses conseillers autour de lui, mais il tenait la plume. « Je nous vois, encore tard dans la nuit, disposés en arc-de-cercle autour de son bureau. J'entends, dans le silence de la pièce, sa plume crisser. Je revois l'encre bleue, le gros stylo Waterman, son écriture régulière*… »

Épurée au fil des ans, sa maîtrise du verbe est admirable, loin des afféteries et des mièvreries qui l'avaient longtemps obscurcie. Comme Chirac, il n'est jamais meilleur que dans l'improvisation, mais, contrairement

* Hubert Védrine, *Les Mondes de François Mitterrand*, *op. cit.*

à son successeur, il est rarement tenté par des incartades, des entorses à la ligne officielle. Quand il s'y livre, pris par l'ambiance ou poussé par un démon intérieur qui l'incite à lever le voile sur des pensées inavouées et longtemps caressées, il peut être bouleversant, comme il le fut lors de son dernier grand discours devant le Bundestag. L'hommage inattendu qu'il rendit alors au courage des soldats allemands pendant la Seconde Guerre mondiale surprit et choqua en France mais lui gagna définitivement le cœur de nos amis d'outre-Rhin.

Saint Thomas d'Aquin, qu'il avait lu et médité, plaçait la mémoire au premier rang des qualités humaines. La sienne est stupéfiante.

Les Conseils de défense et les conseils restreints auxquels j'assiste sont pour lui l'occasion d'impressionner par son érudition, un moyen parmi d'autres d'affirmer son autorité intellectuelle sur les membres du gouvernement.

La mémoire fabuleuse du Président est mise en scène tous les mois lors des cérémonies de remise de décorations. Une douzaine de personnalités diverses alignées sur un rang l'attendent dans la salle des fêtes de l'Élysée, un hall de gare sans grâce conçu pour le centenaire de la Révolution, surchargé de moulures dorées et de draperies rouges, riche et pompeux. Derrière la rangée de récipiendaires, leurs familles, leurs amis et la foule des conseillers du prince font la claque, impatients d'assister au grand numéro du magicien du verbe. Avant l'entrée en scène du maître des cérémonies, dans le murmure étouffé des propos de circonstance échangés à voix basse par les néophytes, j'observe le jeu habituel des courtisans de haut vol, manœuvrant pour être placés dans le champ de vision de François Mitterrand, évitant habilement les raseurs et les seconds couteaux tout en saluant d'un sourire engageant les puissants du moment...

De sa voix un peu monocorde, le Président, impassible et les mains vides, s'adresse successivement à chacun des élus du jour, rappelant sa carrière et soulignant ses mérites. Pendant près de dix minutes, il s'attarde sur les détails d'une vie, les œuvres et les rencontres, les passions et les goûts, avant de procéder à la remise de la Légion d'honneur. La cérémonie s'éternise et nous guettons en vain le faux pas, l'erreur fatale.

Quand il s'exprime devant un auditoire classique, il choisit dans l'assemblée qui boit ses paroles une partenaire qui l'inspire. Dès son entrée en scène, il scrute l'assistance pour y trouver sa muse d'un jour, qu'il ne quitte plus des yeux jusqu'à la fin de l'exercice. Le grand séducteur n'a pas désarmé, en dépit de l'âge et de la maladie.

Le verbe trouve naturellement son apothéose dans les séances officielles de vœux qui occupent les premières semaines de janvier. Aux discours policés lus avec un talent inégal par les représentants des corporations et autres corps constitués, le Président répond, le plus souvent sans notes, par des remarques étroitement calibrées suivies de digressions inattendues qui entretiennent la perplexité de ses auditeurs. La cohabitation politique accentue le caractère théâtral et factice de ces exercices en donnant loisir au chef de l'État de critiquer, fût-ce à mots couverts, l'action du gouvernement sans que le Premier ministre, involontaire acteur muet de cette comédie, puisse lui répondre. La dernière séance publique est consacrée à la presse et chacun sent que c'était celle que le vieux bretteur attendait avec une gourmandise particulière. Ses indignations quand on l'interroge sur les « affaires » sont des morceaux d'anthologie. Il connaît tous les journalistes présents et joue de connivences anciennes sans pouvoir toujours éluder les questions embarrassantes qu'il écarte avec hauteur ou renvoie à son interlocuteur sur un mode ironique.

La série s'achève avec les vœux du personnel de l'Élysée, une cérémonie intimiste qui permet à tous les obscurs et les sans-grade de la « première maison de France » de voir et d'entendre une fois dans l'année le prince qu'ils servent dans l'ombre. Je sens physiquement la fierté qui les habite dans cet instant privilégié qui justifie tous les dévouements et les efforts anonymes. La plupart ne sont pas socialistes, mais tous, à leur manière, admirent le vieux président rongé par la maladie mais toujours animé par une passion irréductible pour la France qu'il représente avec une dignité qui force le respect.

6

Astreinte au Palais

J'accueille mes invités à l'entrée de l'appartement de permanence, au premier étage de l'aile ouest du Palais. Trente années de service dans les armées m'ont rodé à l'exercice solitaire de l'officier qui veille et répond aux urgences de la nuit, mais, à l'Élysée, ce service prend un air de fête. La « personnalité de permanence », désignée parmi la quarantaine de conseillers du Président, a le privilège de pouvoir recevoir quelques convives pour égayer son bref séjour dans l'enceinte du Palais. Le salon où est dressée une table d'apparat est confortablement meublé dans ce style Empire dont le Mobilier national a des réserves inépuisables. Dans la chambre voisine, la seule curiosité se trouve être le lit immense conçu pour accommoder la taille inusitée du général de Gaulle. Ma femme partagera ce soir avec moi le plaisir de dormir « dans les draps » de l'austère fondateur de la Vᵉ République.

Après un dernier coup d'œil sur le téléscripteur qui relaie les dépêches de l'AFP, je précède mes convives vers les salons d'apparat. Le garde de service, rompu à la manœuvre, commente la visite et tous s'extasient devant la solennité glacée du salon Murat où se tiennent les Conseils des ministres, les mignardises du salon des Aides de camp, les boiseries élégantes du salon des Ambassadeurs, la majesté de la chambre de cérémonie de Mme de Pompadour et la délicatesse des portraits du salon éponyme…

L'hôtel d'Évreux n'est pas le plus beau palais de Paris. Le jugeant trop frivole, de Gaulle ne l'aimait pas et rêva d'installer la Présidence aux Invalides ou au château de Vincennes, plus dignes à son sens de l'impérieuse majesté du pouvoir, mais des raisons pratiques et budgétaires l'en retinrent.

L'Élysée ne manque pas d'allure pourtant et sa belle cour d'honneur a vu passer nombre de souverains prestigieux. Son histoire, à l'image de celle de la France, baroque et tumultueuse, a inspiré quelques auteurs dont la lecture m'aide à apprivoiser les lieux, à habiter ces murs hantés par les ombres incertaines d'un passé jamais révolu. Longtemps refuge de femmes courtisées et délaissées, de la Pompadour à Joséphine, guinguette et tripot sous la Révolution, résidence de Murat et de la belle Caroline, il hébergea quelques semaines l'Empereur, qui y signa son acte d'abdication après Waterloo. Le tsar Alexandre Ier, Louis-Napoléon Bonaparte et quelques autres y laissèrent leur trace avant que la République n'en fasse le palais de ses présidents. Au premier étage, interdit à mes invités, le directeur de cabinet occupe la chambre aménagée pour la reine Victoria en août 1855. C'est cette pièce que Valéry Giscard d'Estaing, délaissant le salon de ses prédécesseurs, choisit pour en faire son bureau avant que François Mitterrand ne renoue avec la tradition.

Cette incursion dans l'arrière-cour des fastes du pouvoir comble mes visiteurs. Elle aggrave ma frustration de ne pas connaître encore les « appartements privés » du rez-de-chaussée, la bibliothèque, la salle à manger Pompidou et le Salon d'argent qui restent fermés aux conseillers.

Nous regagnons l'appartement de permanence dont les fenêtres blindées s'ouvrent sur la place Beauvau. Un dîner somptueux nous est servi par des maîtres d'hôtel irréprochables et indulgents pour l'enthousiasme des néophytes que nous sommes. La cuisine de l'Élysée est une des plus prestigieuses de Paris. Le Président, en fin gourmet, y veille et s'enchaînent, pour la joie de nos yeux et le plaisir de nos palais, foie gras poêlé, coquilles Saint-Jacques à la nage, rôtisseries délicates et pâtisseries extravagantes. Pour mes hôtes, la soirée a un caractère irréel, fabuleux, surtout si un événement extérieur vient en troubler le cours.

Un appel téléphonique ou une dépêche de presse peuvent provoquer une tornade : la mort d'une personnalité, une catastrophe ou un coup d'État quelque part dans le monde, tout ce qui peut exiger une réaction immédiate de la Présidence, un communiqué, un déplacement, des mesures de sécurité… La manœuvre est alors conduite par Hubert Védrine, jour et nuit sur le pied de guerre. L'affaire peut prendre quelques heures. Le lit du Général attendra.

Il s'en faut de peu que je sois d'astreinte le soir de la mort de François de Grossouvre, mais je croise le lendemain matin le conseiller qui a vécu le drame en direct. Encore sous le coup de l'émotion, il me raconte sa nuit de cauchemar. L'homme des chasses présidentielles a mis fin à ses jours dans son bureau, à deux pas de la permanence. Le suicide ne fait aucun doute. Dès l'annonce de sa mort, son appartement du quai Branly a été visité par le service de sécurité, en quête d'éventuels documents compromettants, et son occupante a été priée de quitter les lieux. Je n'imagine pas alors que ce logement sera un jour le mien !

Aussitôt, les rumeurs les plus folles courent dans Paris, on accuse à mi-voix le Président de l'avoir fait assassiner. Vengé de sa mise à l'écart, Grossouvre a réussi son coup. La haine que suscite Mitterrand dans quelques milieux de droite comme de gauche me trouble. Les uns ressassent l'affaire de l'Observatoire, l'appel de Mai 68, la dénonciation du « coup d'État permanent » et le programme commun de 1981, mais les autres poursuivent de leur vindicte le rallié de la vingt-cinquième heure, le fossoyeur de la SFIO et ne lui pardonnent pas le reniement de la rigueur. L'homme, il est vrai, ne manque pas de duplicité, mais il y a, en France, un vieux fond régicide que rien n'épuise. Qui ne se souvient des insultes jetées par la rue à Giscard quand il a quitté l'Élysée ?

7

Une journée à Rambouillet

J'ai longtemps ignoré l'existence des « résidences présidentielles » sur lesquelles le cadeau spectaculaire et encombrant du chef d'État d'une ex-République socialiste soviétique leva brièvement le voile. Pendant quelques heures j'eus tout loisir d'admirer de ma fenêtre le pur-sang fragile à la robe de jais offert au Président par son homologue du Kazakhstan s'ébrouant avec grâce dans le parc du Palais jusqu'ici réservé au labrador et aux canards. Espérant secrètement qu'il prendrait domicile à l'Élysée, je m'enquis de son sort et j'appris qu'il serait transporté, le soir même, au domaine de Souzy-la-Briche, une des résidences gérées par la Présidence. Je sus, quelques mois plus tard, que Mazarine Pingeot et sa mère la fréquentaient régulièrement.

C'est au château de Rambouillet, autre fief plus prestigieux de la République, que le Président a décidé de réunir l'ensemble de ses conseillers et Quesnot a obtenu que ses adjoints soient de la partie, ce qui, pour certains, n'allait pas de soi. L'objet de cette escapade inhabituelle ne fait guère de doute : ulcéré par les critiques de la presse à l'encontre de sa politique dans les Balkans, le chef de l'État entend réveiller l'ardeur de ses collaborateurs pour relayer ses choix et valoriser son action. Il y a quelques jours, Hubert Védrine a diffusé un argumentaire détaillé à notre usage, mais rien ne vaut la parole du chef.

Pendant l'apéritif, François Mitterrand circule silencieusement d'un groupe à l'autre, serrant les mains et scrutant les visages. L'heure tourne et les langues se délient, mais, quand il atteint la porte de la salle à manger, c'est le branle-bas de combat. Abandonnant leur coupe de champagne, tous se précipitent à sa suite. Une reconnaissance discrète leur a permis de découvrir que les places n'étaient pas affectées autour des huit tables rondes de six couverts disposées dans la vaste pièce ensoleillée. L'enjeu immédiat est donc de s'assurer un siège à la table du Président. Le vieux renard le sait et s'en amuse. Il se meut d'un pas lent dans les espaces, fait mine de s'arrêter et repart brusquement, un coup à droite, un coup à gauche. Le ballet des conseillers virevoltant à sa suite en arborant l'air dégagé de qui n'attend rien, anticipant parfois puis faisant volte-face, a quelque chose de fascinant. Immobile, adossé au mur, je jouis du spectacle de la cour. Que ne suis-je Talleyrand pour en rire avec talent !

Mon regard croise celui de François Mitterrand, avec, me semble-t-il, un rien de connivence. Quand il s'arrête brusquement et tire une chaise, les dés sont jetés. Pourquoi suis-je surpris que ses cinq partenaires de table soient les premiers dans l'ordre officiel du protocole ? Ne sont-ils pas les mieux à même de suivre le prince dans ses dédales ?

Après le repas, dans le grand salon du château, confortablement assis dans les fauteuils placés en demi-cercle autour du sien, nous l'écoutons religieusement. Pendant plus d'une heure, il nous entretient de l'ex-Yougoslavie, décrivant, rappelant, expliquant, plaidant parfois, avec une sincérité non feinte tant il s'est investi dans ce dossier empoisonné, davantage que tous ses homologues, trahi successivement par l'un ou l'autre et, pour finir, condamné en France par ceux qui ont choisi le « camp du Bien », voulant ignorer que le mal est partout. Le démembrement de la Yougoslavie a débuté en 1991, quand les Slovènes et les Croates ont proclamé leur indépendance. La révolte des minorités serbes refusant l'autorité de Zagreb a déclenché une guerre civile qui s'est bientôt propagée à la Bosnie. Les massacres se sont enchaînés et l'opinion publique, révoltée par les atrocités commises sur le sol européen, a sommé le Président d'y mettre fin. Depuis trois ans, François Mitterrand s'efforce, souvent seul, de mobiliser la communauté internationale. N'ayant pu empêcher l'implosion de la Yougoslavie, il a dû se résoudre à appuyer l'action humanitaire de l'ONU dont l'inefficacité est bruyamment dénoncée par Bernard-Henry Lévy. Accusé de pusillanimité et de philoserbie, le Président est visiblement bouleversé par un procès qu'il juge profondément injuste.

À la fin de son exposé, il nous invite à visiter le château en compagnie de son conservateur, une femme discrète et souriante. « Il y a ici des trésors inestimables, comme la salle de bains de François Ier… » Imperturbable, il ajoute que ceux qui connaissent déjà les lieux pourront l'accompagner jusqu'à la Bergerie, à trente minutes de marche.

La plupart des conseillers, je le sais, n'ont jamais mis les pieds à Rambouillet, mais je me trouve seul en compagnie de Jean Vidal, le conseiller diplomatique, et Bruno Delaye, l'Africain, pour commencer la visite. La « conservatrice » semble déçue, d'autant que le chef de la cellule Afrique, ayant compris son erreur, nous quitte après quelques minutes pour rattraper le convoi qui s'ébranle vers la Bergerie.

Jean Vidal, dont j'apprécie la culture et l'exquise courtoisie, est un compagnon de rêve pour la visite privée d'un grand monument de l'histoire de France. L'érudition précise et légère de notre guide eût enchanté François Mitterrand s'il n'avait eu, ce jour, d'autres desseins.

8

Un déjeuner

Dans la dernière année de son règne républicain, le Président ressent l'envie de resserrer les liens avec son entourage. L'approche de la fin, les aigreurs de la cohabitation, la douleur qui ne le quitte plus et le souci obsédant de sa place dans l'Histoire l'incitent sans doute plus qu'avant à approfondir les contacts avec ceux qui lui sont le plus dévoués.

Lui qui n'a cessé de jouer des ambitions rivales au sein de son cabinet, tour à tour charmeur, attentif, hautain ou cruel, entreprend de recevoir à sa table ses conseillers de l'Élysée.

Un des premiers déjeuners rassemble autour de lui les officiers de l'état-major particulier.

En contraste absolu avec la très classique bibliothèque voisine où fut mise en scène la photo officielle de l'actuel chef de l'État, la salle à manger Pompidou, dont les fenêtres s'ouvrent sur la rue de l'Élysée, détonne par son modernisme agressif, déjà daté. Le successeur du général de Gaulle, bourgeois lettré et conventionnel d'apparence, était un amoureux passionné de la modernité, fou de voitures et d'art contemporain. Le grand designer Pierre Paulin, auquel Mitterrand a confié plus tard la conception de son bureau de travail officiel, s'est livré là sans retenue à son goût du polyester, du verre fumé et de l'aluminium. Bien que sensible aux coups d'audace, je ne peux m'empêcher de penser qu'eût-il vécu plus longtemps, Georges Pompidou se serait lassé de ce décor vintage.

Poussé par mes camarades, je me retrouve, sans l'avoir cherché, à la droite du Président.

En verve, il commence par évoquer les Mémoires d'un grognard de la Grande Armée, un « livre peu connu que j'ai trouvé chez un bouquiniste », précise-t-il. Après avoir détaillé avec gourmandise les campagnes rocambolesques et glorieuses de cet humble soldat de Napoléon, il s'interrompt soudain : « J'en demande pardon à tous ceux d'entre vous qui l'ont lu… » Je ne peux retenir un éclat de rire tant il est évident que le chef des armées s'amuse à nos dépens, soulignant perfidement notre inculture historique. Il me jette un coup d'œil appréciateur et enchaîne. Après les campagnes de l'Empire, il aborde les conquêtes coloniales et Quesnot, plus à son aise, lui renvoie la balle.

Par je ne sais quel détour, la conversation en vient au chapitre de l'OTAN, sa bête noire. Il est catégorique : « Notre position dans l'Alliance est la meilleure qui puisse être. Elle nous laisse libres sans rompre avec la solidarité. » Puis, inévitablement, comme il le fait souvent dans les réunions officielles, il évoque la figure de Margaret Thatcher, « Marilyn Monroe avec les dents de Dracula », son adversaire favorite. « Je n'oublierai jamais le jour où, se croyant trahie par les Américains, elle s'est jetée dans mes bras et m'a supplié de reconsidérer le projet insensé d'une

Union franco-britannique, envisagé en juin 40 par des gouvernants aux abois… »

Revenant à l'actualité, il se réjouit des divisions de la droite et nous affirme en jubilant : « Si je me présentais, je les battrais encore ! »

Imprudemment, Quesnot le lance sur l'inépuisable sujet des Balkans, mais le Président n'enchaîne pas, ayant épuisé son répertoire à Rambouillet. Le chef de l'état-major particulier n'hésite pas alors à conclure : « La question ne sera résolue que le jour où tous ces pays auront rejoint l'Union européenne. » François Mitterrand sursaute littéralement à côté de moi : « Qu'est-ce que vous dites ? » Le ton est cinglant, le fauve est réveillé, toutes griffes dehors. « Ce serait la fin de l'Europe ! On a commis une faute inexpiable en accueillant la Grèce et même le Portugal et on la paiera longtemps. L'élargissement inconsidéré de l'Union ruinerait le projet pour lequel je me bats depuis dix ans. Les Balkans n'y ont pas leur place. »

Le charme est rompu et le déjeuner s'achève dans une ambiance tendue et morose. Le Président nous quitte avec froideur, visiblement déçu. Qu'attendait-il de cette rencontre ?

Pour ma part, j'ai conscience d'avoir vécu un moment privilégié, mais je regrette qu'il ait évité les dossiers les plus brûlants auxquels nous sommes confrontés, le Rwanda, la Bosnie et même le projet de livre blanc sur la Défense que vient de lancer le gouvernement. J'avais oublié son aversion pour les réunions de travail. Sans doute le vieil artiste n'avait-il dans l'idée que de nous éblouir par son érudition pour enrichir sa légende et nous attacher plus encore à sa personne.

Il y fût sans doute parvenu si Quesnot ne l'avait involontairement provoqué en agitant une idée pourtant communément admise au Quai d'Orsay. Sa réaction violente nous a pris de court, mais elle nous donne à réfléchir. Comme beaucoup de Français, nous sommes mollement européens. Convertis par réalisme au projet de Jean Monnet et Robert Schuman mais déçus par les méandres technocratiques de l'Union, nous ne partageons pas la foi ardente du Président. Son engagement résolu en faveur de la monnaie unique et, plus encore, d'une défense commune européenne nous surprend sans nous convaincre. Pourtant, en abordant de front la question des frontières de l'UE, volontairement ignorée par les tenants de l'ambiguïté constructive, François Mitterrand donne un sens à son projet, rejoignant la vision gaullienne d'un noyau de nations capables et désireuses de construire un avenir commun. À cette aune, les Balkans n'ont pas leur place dans l'Union. Que dire alors des pays d'Europe centrale et orientale récemment libérés du joug soviétique ? Mon séjour à Washington m'a convaincu de la réalité d'une culture partagée « de l'Atlantique à l'Oural », plus tangible que le vernis des « valeurs occidentales » qui sert de mantra à l'OTAN. Le projet gaullo-mitterrandien est-il cependant compatible avec une Europe à… 28 ?

En attendant, il ne fait guère de doute que nous ne serons plus invités dans la salle à manger Pompidou.

9

Mémoires

À cette époque, les gardes républicains affectés à l'Élysée y font toute leur carrière dans les emplois les plus divers. Discrets, serviables et rigoureux dans l'exercice de leurs fonctions, très attachés à cette maison prestigieuse, ils forment une cohorte digne et sympathique avec laquelle j'aime à échanger quand le cours des événements le permet. Les plus anciens ont connu tous les présidents de la Ve République et, après quelques mois, se risquent à des confidences.

Le Général leur inspire une révérence qui doit autant à la légende nationale qu'aux souvenirs qu'ils en gardent. Je comprends à demi-mot qu'il les traitait avec la dignité hautaine qui marquait ses rapports avec ses subordonnés. Rien d'étonnant si l'on sait qu'il ne put rallier à Londres qu'une infime minorité des officiers qui avaient servi directement sous ses ordres. La dévotion qu'il inspira par la suite s'adressait à l'homme d'État, et non au chef militaire qui ne cherchait pas à être aimé et ne l'était pas. Les gardes se souviennent d'avoir vu tous les soirs le chef de l'état-major particulier patienter dans l'antichambre avec des parapheurs sous les bras, car le Président prenait au pied de la lettre son rôle de chef des armées. Rien de la vie interne du ministère de la Défense n'échappait à son contrôle.

De Pompidou, ils n'ont rien à dire si ce n'est l'ambiance lugubre des derniers mois quand le chef de l'État, gonflé de cortisone et toujours fatigué, exigeait le secret absolu sur les défaillances de son corps malade. Un des gardes n'a pas oublié un incident avec son secrétaire général, Édouard Balladur. Se trouvant régulièrement de faction au pied de l'escalier dans le grand hall d'entrée du Palais, il rectifiait la position et saluait à chaque passage du premier collaborateur du Président. Ne recevant en retour aucun signe de reconnaissance, il s'avisa un jour de s'abstenir du salut. Aussitôt, le secrétaire général vint se planter devant lui et le fixa de son regard glacé. Affolé, il se raidit et salua fébrilement. Sans un mot, Balladur se détourna et emprunta l'escalier. Par la suite, le malheureux garde respecta strictement l'étiquette et redevint transparent pour le futur ministre d'État.

L'affaire me remet en mémoire une anecdote récente. J'accueille François Mitterrand et son Premier ministre dans le salon des Aides de camp avant un Conseil de défense organisé dans la pièce voisine. Au dernier moment, un huissier s'approche du Président et lui glisse un mot à l'oreille. Celui-ci se tourne vers moi : « Colonel, j'ai une question urgente à régler. Voulez-vous tenir compagnie au Premier ministre le temps de mon absence ? » J'acquiesce, naturellement, mais, sans même m'adresser un regard, Balladur me tourne le dos, tire un journal de sa sacoche et s'installe à l'autre bout de la pièce pour le lire. Il est de ces hauts responsables de l'État, politiques ou fonctionnaires, pour qui les gens en uniforme sont invisibles. Pompiers, militaires, policiers ou postiers ne méritent pas l'attention des grands de ce monde. En endossant une tenue qu'on prend pour une livrée, ils ont renoncé, croient certains, à toute autonomie de pensée ou d'action. Beaumarchais en rit encore...

De Valéry Giscard d'Estaing, les gardes conservent un souvenir cuisant. Chaque matin, il inspectait le service d'honneur et exigeait des sanctions quand une attitude ou un maniement d'armes ne le satisfaisait pas. Attentif à tous les détails de la vie du Palais, il relevait les manquements à l'ordre ou à la propreté. Il lui arrivait même, le soir, de passer dans les bureaux de ses conseillers pour s'assurer qu'aucun document confidentiel ne traîne sur les tables. Ce grand seigneur d'une intelligence supérieure, combattant héroïque de la 2e DB, aurait-il eu un goût insoupçonné pour le caporalisme ?

Les gardes répugnent à parler de l'actuel président, qu'on sait courtois mais distant. Ils sourient pourtant de ses légendaires retards. Aux cérémonies du Débarquement, il a fait attendre la reine d'Angleterre pendant plus d'une heure. La presse britannique n'en est pas remise.

Pour ma part, j'ai assisté par hasard à l'arrivée de Bill Clinton dans la cour d'honneur. Voyant que François Mitterrand n'était pas sur le perron pour l'accueillir, le président américain a fait arrêter sa voiture au milieu de la cour et, ouvrant sa portière, sous l'œil incrédule de la compagnie de la Garde au présentez-armes, s'est versé un verre de Coca qu'il a siroté tranquillement pendant quelques minutes, le temps que son hôte daigne faire son apparition.

Mitterrand est indifférent à la « politesse des rois ». Ses retards se sont aggravés avec son état de santé, mais on le soupçonne de les cultiver pour désarçonner ses interlocuteurs. Ils témoignent surtout de son insatiable quête de liberté à l'égard du protocole et de toutes les contraintes de la vie officielle. Ses entretiens privés avec des philosophes, les matinées passées sur le terrain de golf, les escapades chez les bouquinistes ou les dîners au restaurant avec quelques proches sont autant de moyens d'échapper à la tyrannie du devoir d'État et, le cas échéant, de prendre du recul par rapport à sa charge. L'expérience accumulée et une incroyable mémoire lui permettent ces incartades sans nuire à sa connaissance des dossiers. Cette forme de sagesse, rare à ce niveau de responsabilités, mérite le respect, mais elle ne prémunit pas nécessairement contre les erreurs.

10

Impuissances

Solidaires et soudés, interchangeables quand l'urgence le veut et observateurs attentifs mais souriants des cercles du pouvoir, Bertrand Dumont, l'aviateur calme et réfléchi, Jacques Gheerbrant, le marin atypique enrichi de cinq enfants venus des quatre coins du monde, et moi-même serrons les rangs dans la bataille quotidienne interministérielle. Notre quatrième mousquetaire, le commissaire de la Marine Lefranc, brillant et volubile, gère de son côté les dossiers juridiques et confidentiels de la maison.

Nos journées, imprévisibles et jamais semblables, sont nourries par la lecture d'un courrier abondant qui circule rapidement entre nous dès 8 heures du matin : notes des services de renseignements, messages des attachés de défense, analyses du Secrétariat général de la Défense nationale (SGDN) ou de la Délégation aux affaires stratégiques, études de l'état-major des armées, télégrammes diplomatiques... Nous traquons l'information qui doit être portée à la connaissance du chef de l'État, l'inattendu qui demande confirmation, les signes d'une menace potentielle appelant une vigilance accrue. Quesnot nous laisse libres de notre emploi du temps, exigeant seulement que nous soyons à pied d'œuvre en moins d'une demi-heure si la rédaction d'une note urgente pour le Président vient à s'imposer.

Quelques réunions périodiques ou imprévues déterminent mes itinérances : affaires africaines à l'Élysée ou à Matignon, cellules de crise au Quai d'Orsay, préparation des Conseils de défense et des conseils restreints au SGDN ou au ministère des Affaires étrangères... Autant de rendez-vous obligés au cours desquels j'interviens rarement mais auxquels ma présence marque aussi bien le contrôle que le chef de l'État entend exercer sur les activités relevant du « domaine réservé » que la volonté de l'EMP d'être présent chaque fois que les intérêts de la Défense peuvent être mis en cause. Entre ces réunions, je glisse des visites à mes correspondants habituels. À l'état-major des armées, un tour rapide au Centre d'opérations interarmées me permet d'actualiser mes lectures du matin, puis, selon le cas, je m'attarde chez le général Kelche, en charge de la planification et du budget, ou dans le bureau du général Roques, conseiller Afrique et Moyen-Orient du CEMA. Avec Kelche, un officier froid, réservé et peu loquace qu'on dit promis aux plus hautes fonctions, mes relations sont simples et étonnamment confiantes. J'apprécie son style direct, la clarté synthétique de ses démonstrations et son indulgence à l'égard de mes ignorances dans un domaine que je découvre. Mes échanges avec Roques, un romantique affectif et roublard, passionnément dévoué à son chef, sont d'une autre nature. Conscients des effets délétères de l'animosité qui persiste entre le chef de l'EMP et le CEMA, nous avons pris sur nous d'établir un pont entre les deux rives de la Seine en nous informant réciproquement des projets et des activités de nos autorités. L'exercice a ses limites, ses non-dits et ses falsifications, mais Quesnot et Lanxade ne sont pas dupes et ce courant d'informations les sert comme il sert les armées.

Si mon agenda le permet, je fais un détour par Matignon pour un tour d'horizon avec mon homologue du cabinet militaire du Premier ministre, le colonel Jean-Louis Georgelin. Nous sommes liés depuis l'époque où il était aide de camp du chef d'état-major de l'armée de terre quand j'étais chargé des relations avec la presse à l'antenne Terre du Service d'information et de relations publiques des armées (SIRPA). Notre entente profonde surprend ceux qui opposent nos caractères et nos méthodes. Elle se fonde sur des convictions partagées et une approche commune du métier des armes et de la place des militaires dans la société. Nous nous retrouvons parfois dans des réunions de « consuls », c'est-à-dire d'officiers servant dans les cabinets ministériels, autour du chef d'état-major de l'armée de terre qui nous délivre les « messages » qu'il souhaite distiller au sommet de l'État. Cette forme de lobbying, pratiquée dans toutes les armées, nous met mal à l'aise tant nous sommes étrangers à toute forme de corporatisme. Nos préoccupations et nos analyses sont parfois à cent lieues de celles des états-majors.

À l'EMP, Dumont et moi formons équipe, nous remplaçant mutuellement en cas d'absence. Cette procédure comble nos vœux, me permettant de m'initier aux dossiers de la dissuasion nucléaire et des industries d'armement, mon camarade aviateur goûtant, pour sa part, ses incursions dans la gestion des crises chaudes. J'ai en mémoire le grand sourire avec lequel il m'accueillit à mon retour d'une courte escapade familiale, au printemps 1994 : « Merci pour tes vacances ! Ici, ça a chauffé et je n'ai pas eu le temps de m'ennuyer. » Un coup de sang au Congo avait contraint la France à organiser l'évacuation de ses ressortissants avant que le calme ne revienne, mais l'affaire avait mobilisé l'état-major pendant quarante-huit heures. Quesnot, bien qu'il ait été parfaitement secondé par Dumont, me reçut fraîchement : « La prochaine fois, choisissez mieux vos dates de permissions ! »

Le sentiment qui prévaut parmi nous dans cette atmosphère volatile de fin de règne est celui de l'impuissance. Les dossiers qui animent nos journées, et parfois nos nuits et nos week-ends, sont empoisonnés par l'immobilisme et la critique publique.

En Bosnie, où la France a déployé plus de 7 000 hommes, rien ne change et les massacres continuent. Le volontarisme du Président, très isolé dans sa quête obstinée d'une solution politique, place nos forces dans une situation inédite et insupportable. Sa foi dans un « nouvel ordre mondial » et sa fibre humanitaire l'ont conduit à privilégier le cadre des Nations unies, où, il est vrai, la France bénéficie du statut éminent de membre permanent du Conseil de sécurité. Or l'ONU est certes, depuis la fin de la guerre froide, le garant reconnu de l'ordre et de la stabilité sur la scène internationale, mais elle se montre aujourd'hui comme hier incapable d'imposer la paix. Ses règles et ses procédures, sa chaîne de commandement même, sont inadaptées à la résolution des conflits. Humiliées et agressées quotidiennement, nos forces n'ont ni les capacités militaires ni les règles d'engagement leur permettant d'asseoir leur autorité.

Leur mandat, limité à l'origine « à l'acheminement et à la protection de l'aide humanitaire », a été étendu à la protection des zones sécuritaires sans les moyens requis pour les faire respecter. L'appui aérien de l'OTAN, accepté à contrecœur par le Président sur l'insistance de Lanxade, reste inefficace, faute de procédures adéquates. À l'état-major, on fait le dos rond en attendant une hypothétique percée diplomatique et on s'efforce de limiter la casse. L'objectif principal n'est plus d'imposer la loi internationale mais d'assurer au mieux la protection de nos unités. Des généraux n'hésitent pas à paraphraser Bismarck en affirmant que les Balkans ne valent pas la vie d'un soldat français. Dans les réunions interministérielles, des diplomates au verbe haut déclinent avec autorité des concepts ambigus : zones protégées, couloirs humanitaires, centres de regroupement d'armes lourdes, interdictions de survol, sans souci des contingences militaires. Plutôt que de définir des missions de combat, on aligne des effectifs. Plus que jamais, nos armées sont devenues un « outil diplomatique » soumis à des choix et à des logiques contraires à leur vocation.

Les médias français, qui ont pris parti pour les musulmans, dénoncent notre « passivité ». Pour notre part, contraints par les directives du Président, nous n'avons pas d'alternative à proposer, mais l'échec somalien* et les mésaventures des Balkans nous ont

* En décembre 1992, la France s'était engagée en Somalie aux côtés des Américains pour tenter de ramener la paix dans un pays ravagé par la guerre civile et dévasté par la famine. En dépit de succès initiaux, le président Clinton renonçait, quatre mois plus tard, à la direction de cette opération voulue par son prédécesseur,

convaincus que les armées ne sont pas organisées et entraînées pour soutenir une aide humanitaire ; leur rôle est de combattre et de vaincre la violence par l'usage maîtrisé de la force*.

Au Rwanda, la tournure prise par les événements nous désespère. Tout semblait réglé depuis la signature des accords d'Arusha, en août 1993. François Mitterrand avait dû forcer la main du président Habyarimana pour qu'il les signe et en avait été remercié officiellement par Paul Kagamé, son opposant, chef du Front patriotique rwandais (FPR). Destinés à mettre fin à la guerre qui opposait depuis trois ans les exilés tutsi réfugiés en Ouganda aux Forces armées rwandaises (FAR), ces accords prévoyaient la mise en place d'un gouvernement de transition, l'intégration à terme du FPR dans les FAR, le départ des coopérants militaires français et le déploiement d'une force de l'ONU. Certes, leur mise en œuvre était laborieuse, mais une des clauses essentielles, le déploiement à Kigali d'un bataillon du FPR, était en cours de finalisation. La force internationale de l'ONU, la MINUAR (Mission des Nations unies pour l'assistance

---

retirait l'essentiel de ses forces et en transférait la responsabilité à l'ONU. L'ONUSOM se montrait rapidement incapable d'empêcher le retour de la guerre civile, du fait de la déficience de ses structures de commandement, mais aussi de l'indiscipline des troupes américaines. Le 3 octobre 1993, après des scènes horribles de lynchage de GI par la populace de Mogadiscio, Clinton décidait le rapatriement de ses forces, bientôt suivi par Mitterrand. Le président français, contrairement à son homologue, ne répudiait pas, pour autant, le concept d'ingérence humanitaire et gardait sa foi dans les capacités des Casques bleus à restaurer la paix.

* *Cf.* Max Weber : « Un État est une communauté humaine qui revendique le monopole de la violence légitime physique sur un territoire donné » (*Le Savant et le Politique*).

au Rwanda), était opérationnelle et, conformément à ses engagements, la France avait retiré l'essentiel de ses coopérants militaires, n'en conservant qu'une dizaine (sur 200) dans des missions de formation de l'armée locale. L'assassinat du président rwandais et de son homologue burundais, le 6 avril 1994, avait provoqué la catastrophe et déclenché un effroyable génocide. Nous n'avions guère de doutes sur les commanditaires de l'attentat : lassé des tergiversations d'Habyarimana et libéré par le départ des conseillers militaires français, le FPR avait voulu frapper un grand coup, sans imaginer l'ampleur des massacres interethniques qui en résulteraient.

L'horreur de cet abominable accès de fièvre avait légitimement bouleversé l'opinion internationale, mais les médias, manipulés par d'habiles propagandistes, plutôt que d'en rechercher les causes profondes ou directes, avaient fait de la France leur bouc émissaire. L'attachement de François Mitterrand à la défense de notre « pré carré » africain suscitait, il est vrai, beaucoup d'agacement jusque chez nos alliés et partenaires les plus proches. Les Américains et les Britanniques, qui réfutaient la qualification de génocide pour ne pas avoir à intervenir (après avoir longtemps soutenu le FPR), les Belges, qui s'irritaient de l'activisme français dans une de leurs anciennes colonies et avaient retiré en hâte leur contribution à la MINUAR après la perte de dix de leurs hommes, le général canadien qui avait aussitôt exigé et obtenu le retrait de la force des Nations unies, dont le rôle était pourtant de maintenir la paix, et enfin les habituels pourfendeurs de la politique africaine de la France s'étaient ralliés sans hésiter à la propagande du FPR, qui n'avait pas pardonné à notre pays de l'avoir empêché de prendre le pouvoir à Kigali par les armes avant les accords d'Arusha. On nous accusait même d'avoir participé au génocide en équipant les forces rwandaises, en voulant ignorer que les massacres avaient été le fait des milices hutu et non de l'armée, de meurtres à l'arme blanche plutôt que de tirs au canon. Certains allaient jusqu'à prétendre que nous connaissions les plans de génocide ! Il fallait beaucoup de mauvaise foi ou une grande méconnaissance de l'Afrique pour imaginer que les Rwandais auraient pu nous confier de tels projets. L'opération Turquoise, pourtant validée par l'ONU et renforcée par des troupes africaines, était présentée comme une tentative d'appui au régime génocidaire. Pour moi, qui avais vécu en direct le lancement et la conduite de cette intervention, ces accusations étaient scandaleuses. Dès l'origine, tout soutien à l'armée rwandaise avait été écarté en raison du comportement du gouvernement local. J'en avais informé moi-même le chef d'état-major rwandais qui m'avait appelé. J'avais ensuite participé aux deux réunions quotidiennes organisées par le Quai d'Orsay sous la présidence de son directeur de cabinet, Dominique de Villepin, dans une totale transparence et je connaissais de longue date le général Lafourcade, désigné pour commander l'opération, que je savais droit et rigoureux. Je savais qu'il n'avait jamais cherché à protéger les génocidaires, même si quelques-uns avaient pu profiter de notre abri involontaire. Je m'indignais qu'on puisse croire qu'il aurait laissé massacrer des Tutsi s'il avait eu les moyens de l'empêcher.

C'est ce que nous rappelons en vain aux journalistes qui nous interrogent. Une rencontre surréaliste avec un journaliste du *Figaro*, Patrick de Saint-Exupéry, à la cellule Afrique me fait découvrir le messianisme, une forme d'auto-intoxication imperméable à la réalité des faits, penchant répandu chez les intellectuels français. Arguant de la présence au sein de Turquoise d'anciens conseillers des FAR, le journaliste en déduit que le mandat officiel humanitaire de la force n'est qu'un paravent pour permettre la reconstitution de l'armée rwandaise dans notre zone. L'absence de tout élément concret justifiant cette thèse et l'embargo sur les armes destinées au Rwanda décidé dès le mois de mai par le Président n'ont pas de prise sur ses convictions. Il n'en reste pas moins que cet échec dramatique de la politique africaine de la France laissera des traces profondes et nous contraindra à une révision fondamentale de nos modes d'action dans ce qui fut notre « pré carré ».

François Mitterrand lui-même a donné le signal en juin 1990, au sommet franco-africain de La Baule, en conditionnant notre aide à l'évolution démocratique des États. J'en ai vu les premiers effets en juin 1993, quand le colonel Mantion a été brusquement rappelé de Bangui après treize ans de présence active auprès du président centrafricain. D'abord chef de la garde présidentielle, puis conseiller spécial du chef de l'État, il avait su acquérir la confiance totale d'André Kolingba, et avait usé de son influence pour déjouer des coups d'État et lutter contre les trafiquants de diamants et d'ivoire, les « coupeurs de route » et autres bandits de grand chemin. Sa haute et mince silhouette, son visage impassible, ses larges lunettes de soleil et ses sept téléphones portables étaient devenus légendaires pour un peuple volontiers superstitieux*. Celui que les Centrafricains surnommaient le « vice-roi » n'a pu cependant convaincre le général Kolingba de s'ouvrir au multipartisme et le gouvernement français a décidé de mettre un terme à sa mission trop visible. Pour préparer le terrain, le Quai d'Orsay a envoyé, à l'automne 1992, un nouvel ambassadeur à Bangui, Alain Pallu de Beaupuy, lui-même ancien officier ayant, comme Mantion, longtemps servi à la DGSE. Leurs rapports ont été d'entrée de jeu exécrables, le « conseiller spécial » supportant mal l'autorité pointilleuse de son ancien collègue. Le départ de Mantion a été salué par tous les tenants d'une politique plus respectueuse de nos partenaires africains. Je le comprends et je l'accepte, mais je connais l'intéressé et suis attaché à la République centrafricaine où j'ai servi à deux reprises. Pendant treize ans, grâce à Mantion, ses habitants ont vécu en paix, sous un régime autoritaire et tribal, certes, mais honnête et débonnaire comparé à beaucoup d'autres. Les élections libres qui se sont tenues après son départ ont donné le pouvoir à Ange-Félix Patassé, un des pires politiciens du pays. Je crains que les Centrafricains et nous-mêmes n'ayons sous peu à regretter l'éviction de celui que Jacques Attali qualifiait de « Lawrence d'Arabie à la française ».

La dissuasion nucléaire elle-même n'échappe pas aux polémiques depuis que le Président a décrété un

* Rompu aux malheurs des temps, le peuple centrafricain n'a pas perdu le sens de l'humour. Comme j'interrogeais un commerçant à Bangui sur la situation générale, six mois après la destitution de Bokassa, il me répondit : « Nous avions Ali Baba et maintenant nous avons les quarante voleurs. »

moratoire sur les essais nucléaires. Le 5 mai 1994, il s'est offert un grand one-man-show à la salle des fêtes devant plus de 200 généraux et hauts responsables de la Délégation générale à l'armement et du Commissariat à l'énergie atomique (CEA). Éblouissant dans son analyse de la dissuasion, il n'a pas convaincu sur les essais. Son acte de foi dans la simulation est partagé par Quesnot, mais Lanxade et le CEA estiment nécessaire une dernière campagne pour valider le projet. Peu à notre aise dans cette assemblée hostile, nous sommes restés discrets.

Le Président a finalement approuvé le livre blanc sur la Défense de Balladur. Il a même exigé au dernier moment d'y apposer sa préface, ce qui a contraint le gouvernement à envoyer au pilon l'intégralité du premier tirage. Ce document est remarquable par ses analyses du contexte stratégique, mais ses propositions sont décevantes. La question du service militaire, de plus en plus inégalitaire du fait de la réduction du format des armées et inadapté aux interventions extérieures, n'est pas tranchée.

N'était la passion intacte, évidente à nos yeux, de François Mitterrand pour la France et pour le maintien de son influence dans un monde instable, nous perdrions la foi dans ses entreprises compliquées. L'obsession humanitaire, pour respectable qu'elle soit, a perverti la froide logique de l'équilibre des forces qui a longtemps été le guide de son action. La vertu plutôt que la *virtus* romaine l'a emporté chez ce grand machiavélien. L'époque, il est vrai, brouille les repères et dévoie les normes multiséculaires de l'action politique : l'émotion et la tyrannie de l'immédiat poussées par l'hypermédiatisation et l'information en continu effacent le recul et négligent le temps long où se mesure l'efficacité. Une révolution est en cours dans l'art de gouverner quand séduire devient plus important que décider.

11

Continuités

Annexe discrète de l'Élysée, le palais de l'Alma, au 11, quai Branly, abrite le service du courrier et une quarantaine de logements dévolus au personnel de la Présidence. Cet ancien quartier de la Garde impériale, élevé en 1861 sur la rive gauche de la Seine à l'initiative de Napoléon III, ne manque pas d'allure. La façade extérieure banale, de style néoclassique, préserve son anonymat, mais, une fois franchi le porche profond, une vaste cour semée de cailloux blancs offre au regard le cercle parfait d'anciennes écuries aux portes cintrées encadrant un manège élégant qui n'eût pas déparé à l'École de cavalerie de Saumur où je m'instruisais il y a vingt-cinq ans. À droite s'ouvre l'ancienne carrière transformée en jardin d'agrément.

Les 200 fonctionnaires du service du courrier forment une cohorte laborieuse et discrète dont la raison d'être est de s'assurer que les 200 000 lettres reçues chaque année par le président de la République ne resteront pas sans réponse. On y traite aussi bien les missives des chefs d'État étrangers que les appels de détresse de malheureux ayant épuisé tous les autres recours.

Depuis Valéry Giscard d'Estaing, chaque ministère y détache un contingent de fonctionnaires et je côtoie à l'occasion la quinzaine d'officiers et de sous-officiers qui y sont affectés. Œuvrant dans l'anonymat loin des lumières du Palais, ils sont passionnés par leur travail et fiers de leur contribution à la mission du chef de l'État. Certains me confient l'émotion qui les étreint à la lecture de lettres maladroites exposant des situations de désespoir absolu. La misère sociale n'est pas une découverte pour les officiers, qui l'ont souvent croisée dans l'exercice de leurs commandements. Je me prends à rêver que les brillants technocrates qui peuplent les cabinets ministériels soient invités à passer quelques jours dans cet humble sas, révélateur des impuissances de l'action publique.

Somptueux appartements en bord de Seine ou étroits studios encastrés entre deux cours, les logements de l'Alma sont aussi divers que le veut le protocole non écrit de l'Élysée. La plupart sont occupés par des employés modestes de la Présidence, hommes de charge ou maîtres d'hôtel, souvent originaires de la Nièvre où le chef de l'État a ses obligés, mais les plus prestigieux sont réservés à quelques conseillers. L'état-major particulier dispose ainsi de quatre appartements, dont celui que j'occupe avec ma femme et nos quatre enfants. Agréable et spacieux, il jouit d'une chambre mansardée éclairée par un grand vasistas où s'inscrit à la nuit tombée la silhouette ardente de la tour Eiffel.

À l'entrée du quai Branly, le contrôle est rigoureux. On ne plaisante pas avec la sécurité du Président, qui y loge au premier étage du bâtiment sur Seine. Nous le voyons souvent descendre de son véhicule arrêté sous le porche, le feutre sur la tête, et s'engouffrer dans l'escalier. Anne Pingeot et Mazarine ne l'accompagnent jamais ou, si elles le font, c'est derrière le rempart des gardes du corps qui les masquent au regard des curieux. Aussi l'article de *Paris Match* dévoilant en novembre 1994 leur cohabitation au palais de l'Alma est-il pour nous, comme pour la majorité des Français, une révélation. Quand la nouvelle éclate, François Mitterrand, rongé par la maladie, a déjà quitté son logement pour rejoindre l'appartement privé de l'Élysée qu'il ne quitte plus que pour les événements officiels auxquels il ne peut se dérober. Après la fin de son mandat, j'aurai l'occasion de visiter, au quai Branly, les lieux où il a vécu près de quatorze ans avec sa maîtresse et sa fille. Meublée simplement et sans goût, la petite chambre qu'il occupa les dernières années de sa vie s'accorde mal avec l'image que je garde de ce monarque impérieux. Comment cet orgueilleux jouisseur qui aimait le pouvoir et la bonne chère, les femmes et les livres, a-t-il pu se contenter de cette cellule étroite et sans grâce ? Le vieil homme épuisé a dû longtemps subir, dans ses nuits d'insomnie, le bruit des pas tourmentés de son voisin du dessus, François de Grossouvre, son compagnon déchu.

Au mois de mai 1995, Jacques Chirac visite en coup de vent un appartement qu'on lui a réservé à l'Alma, non pour y loger, car il a pris ses quartiers à l'Élysée, mais pour des rendez-vous privés. Il n'y mettra jamais les pieds. Le nouveau président a perçu d'entrée de jeu qu'on n'y referait pas deux fois le coup de la famille cachée et il préserve jalousement son intimité.

Le soir et les week-ends, les adjoints de l'EMP prennent à tour de rôle une mission de veille qui les astreint à domicile. Tenus informés par le centre de transmissions militaire de la Présidence, nous devons être en mesure de rédiger sur-le-champ une note pour le chef de l'État ou de rejoindre l'état-major des armées pour y suivre les développements d'une situation de crise potentiellement explosive.

En 1994, le soir de Noël, je suis d'astreinte quand débute la prise d'otages de l'Airbus à Alger. Cette affaire ne nous concerne pas directement, mais on n'exclut pas un appel à des moyens des armées. J'en suis donc le déroulement de bout en bout, en relation directe avec l'aide de camp qui accompagne le Président. François Mitterrand est en vacances en Égypte à proximité du monastère Sainte-Catherine du Sinaï qu'il a souvent visité et qu'il aime particulièrement. Quand le Premier ministre Édouard Balladur estime que les conditions sont réunies, à Marseille, pour lancer le GIGN à l'assaut de l'avion afin de libérer les otages, il demande l'aval du Président mais ne peut l'obtenir. Par un curieux hasard, les communications cessent soudain de fonctionner et il doit prendre seul la responsabilité de l'assaut. Il l'assume et tout se passe pour le mieux. Quand, quelques heures plus tard, François Mitterrand invite à l'Élysée le groupe de gendarmes qui vient de s'illustrer, Matignon ne cache pas son irritation. Cette habile récupération de l'opération prive le Premier ministre des fruits médiatiques de sa décision avisée et solitaire. La cohabitation se montre désormais sous son plus mauvais visage. La concorde forcée a laissé place à l'affrontement masqué.

Parmi les dossiers les plus sensibles qui entretiennent les suspicions entre les deux rives de la Seine, il y a les exportations d'armement et, en particulier, les grands contrats signés avec Taïwan et le Pakistan. Les rétrocommissions servant à financer clandestinement les partis politiques sont alors des pratiques courantes dans les pays exportateurs. Ces dossiers ne sont pas de mon ressort et ne sont jamais évoqués entre nous. Un jour d'avril 1995, je tombe par hasard, dans le tiroir jamais ouvert d'une commode élégante et peu pratique, sur un paquet de notes anciennes consacrées à des ventes d'armes d'un autre temps. Qui – et en quelle occasion – les a retirées des dossiers officiels avant de les oublier dans ce tiroir sans clé ? Je ne le saurai pas. Les ayant lues, je me hâte d'en bannir le contenu de ma mémoire et les inclus sans mot dire dans le flot des archives à reverser.

Nos rapports avec l'Asie sont toujours complexes et stimulants, jusque dans l'anecdote.

Un jour où je remplace Quesnot, qui a dû s'absenter inopinément, je reçois à sa place le directeur de la Protection et de la Sécurité de la défense, ce qu'on appelait autrefois la Sécurité militaire. Il passe tous les mois pour informer mon chef des atteintes à l'intégrité des emprises militaires ou des compromissions de documents sensibles. Il me stupéfie en m'apprenant que ses services ont découvert la liaison d'un officier général de très haut rang avec la femme de l'attaché militaire d'un pays communiste asiatique. « L'affaire est réglée, me dit-il. Je l'ai pris dans un coin et je lui ai dit qu'il s'était mis dans les mains d'une belle espionne. Je lui ai donné quarante-huit heures pour rompre, faute de quoi le ministre en serait informé. » Les frasques des officiers supérieurs n'ont jamais échappé à la Sécurité militaire, pas plus que celles des politiques aux Renseignements généraux.

12

Le Palais déserté

En ce début d'année 1995, le Président est au plus mal et ne quitte plus sa chambre du premier étage. Il n'a plus mis les pieds depuis plusieurs semaines dans l'appartement du quai Branly. Ses douleurs sont telles qu'il a rompu avec son médecin traitant et avec le chef du service médical de l'Élysée, le médecin-colonel Kalfon. J'ai vu ce dernier en larmes après les reproches terribles et injustes que lui a adressés son patient affolé de souffrance.

On dit que seule Anne Lauvergeon peut encore l'approcher. C'est elle, en tout cas, qui transmet oralement à Quesnot les commentaires de Mitterrand sur les notes que nous nous obstinons à lui soumettre. Il n'est plus question de décisions, bien sûr, aussi les armées et le Quai d'Orsay tournent-ils en roue libre, d'autant que Matignon se consacre entièrement à l'élection présidentielle. L'Élysée, de son côté, se vide de ses conseillers, qui se hâtent de se reclasser tant que le président sortant peut encore peser sur leur avenir.

Étrange vacance du pouvoir au sommet de l'État ! Heureusement, sur les théâtres d'opérations où sont engagées nos forces, la situation est stable.

L'élimination d'Édouard Balladur au premier tour de l'élection présidentielle survient comme un tsunami sur une mer calme. Nous épluchons *Le Monde*, acheté au kiosque du coin depuis que François Mitterrand a résilié les abonnements de la Présidence, il y a un an, après un article sur son état de santé et son aptitude à assumer la charge de sa fonction qu'il jugeait insultant. L'échec du Premier ministre reste incompréhensible pour ses adeptes. L'avance considérable sur ses rivaux que lui donnaient les sondages en janvier a fondu au fil des semaines, sanctionnant une campagne médiocre et son incapacité à modifier l'image de patricien suffisant qui lui colle à la peau. Au Palais, la satisfaction se lit sur les visages, tant la cohabitation s'est durcie au fil du temps.

Le triomphe de Jacques Chirac au second tour est accueilli dans l'allégresse à l'état-major particulier. Ici, nul n'ignore son intérêt pour les questions militaires. Ce gaulliste, colonel de réserve, décoré en Algérie et diplômé d'état-major, a la réputation d'être un chef exigeant mais abordable et direct. Il ne fait pourtant pas l'unanimité dans son camp politique. Un proche de Balladur, aigri sans doute par sa défaite, me met en garde : « Méfiez-vous de lui. C'est un paysan rusé ! »

Dès l'élection de son successeur, François Mitterrand choisit de quitter l'Élysée pour s'installer avenue Frédéric-le-Play, où la République lui loue un appartement dans le très bourgeois VIIe arrondissement. J'en profite pour visiter avec ma femme le Palais déserté.

Pénétrant pour la première fois dans le bureau présidentiel, je découvre avec surprise que le mobilier contemporain que je connais par des photos de presse a été remplacé par celui du Général. Ce geste amical du Président pour Chirac témoigne de son accord avec le choix des urnes, une forme d'adoubement pour son successeur qu'il s'est pris à apprécier à proportion de son antipathie croissante pour Édouard Balladur. « C'est son tour ! », avait-il lâché en décembre dernier.

Derrière le secrétariat particulier, nous découvrons l'ascenseur réservé au chef de l'État, puis nous filons sans croiser personne jusqu'aux appartements privés dans lesquels il a vécu ses derniers mois à l'Élysée. L'atmosphère poignante qui imprègne encore les lieux ne peut gommer le caractère dérangeant du mobilier trop riche aux couleurs agressives, tout en bleu et or, d'un design emphatique, affreusement kitsch. Qui a eu l'idée de ce décor clinquant pour prince oriental ? L'appartement d'Anne Pingeot au quai Branly, classiquement banal, devait mieux convenir à ses goûts bourgeois que cette garçonnière prétentieuse.

Nous sentant coupables de voyeurisme, nous descendons vers les bureaux de Danielle Mitterrand que j'ai toujours vus en désordre et couverts de dossiers. La présidente de France Libertés m'a souvent sollicité pour des transports humanitaires avec beaucoup de simplicité et de gentillesse.

Dernière visite, le Salon d'argent qui s'ouvre sur le parc. Dans cette pièce historique qui vit Napoléon abdiquer et Félix Faure rendre l'âme, les meubles Empire argentés nous paraissent monstrueux, leur prétention le disputant à leur lourdeur.

Pour la première fois, je suis frappé par l'état d'abandon du Palais. Les ors des grands salons sont ternis, les boiseries fatiguées et les rideaux fanés. Le parc ne fleurit plus. Ici et là, l'usure du temps a imposé sa marque, comme dans ces demeures occupées trop longtemps par de grands vieillards où le décor immuable s'est subrepticement défraîchi.

Pendant quatorze ans, François Mitterrand a régné sur la France dans ces lieux assez solennels pour son sens du pouvoir et suffisamment légers pour son goût de l'escapade. Il y a laissé sa trace en apposant son sigle sur le mur modifié de la salle des fêtes, un médaillon orné du chêne et de l'olivier. Son épouse, qui n'aimait pas les fastes de la République, ne s'y est pas investie.

L'Élysée attend pour revivre une maîtresse de maison. Ce sera Bernadette Chirac.

13

Un vent nouveau

Pour la cérémonie d'intronisation, le service du protocole nous a refoulés, comme d'habitude, au fond de la salle des fêtes. Le général Quesnot est en première ligne, comme le veut l'étiquette, mais ses adjoints prennent rang derrière les plus modestes chargés de mission qui ont en moyenne vingt ans de moins. Au diplomate excédé mais courtois qui ne fait qu'appliquer la règle, je lance imprudemment qu'avec le nouveau président, la place des militaires sera enfin reconnue…

Un frémissement parcourt la foule des dignitaires et des conseillers qui nous entourent. François Mitterrand et Jacques Chirac font leur apparition, après un entretien privé qui s'est prolongé. Comme tous ici, je m'interroge sur la nature de leurs échanges, sans accorder de crédit à la fable traditionnelle de la transmission des codes nucléaires. Cet aspect fondateur de la responsabilité de chef des armées sera abordé demain en tête à tête entre le Président et le général Quesnot, qui lui présentera les plans et les procédures.

Les deux présidents marchent d'un pas lent vers le perron. Le visage de Mitterrand est serein, souriant même, et on sent chez son successeur un respect et une sollicitude inattendus et touchants. Le vieux lion blessé s'arrête un instant et dit quelques mots à son successeur attentif. L'instant, saisi par un photographe, unit leurs deux visages réconciliés. Je retrouverai avec émotion ce portrait dans quelques années.

Le premier contact avec la nouvelle équipe est facile et confiant. Les plus jeunes nous interrogent sur l'organisation du Palais, la sécurité ou – nous sommes en France – la restauration. Je n'ai pas oublié les commentaires apitoyés de certains collaborateurs de l'ancien président nous plaignant de devoir cohabiter avec l'« adversaire » après l'élection. Comment leur faire comprendre que les militaires de l'Élysée sont apolitiques et servent le chef des armées et non un élu partisan ? Comment leur dire surtout que nous espérons beaucoup d'un chef de l'État qui nous connaît et nous apprécie ?

L'aide de camp nous raconte que, dès la fin de la cérémonie, Chirac l'a pris par le bras : « Et maintenant, si on visitait la maison ? »

Notre premier contact avec lui a lieu dans le bureau de Quesnot, quelques jours plus tard. Chaleureux et détendu, il nous interroge sur les opérations en cours et nos relations avec les armées. Rassemblés debout autour du fauteuil qu'il occupe avec une nonchalance souveraine, nous sentons le poids de son regard souriant qui scrute nos attitudes, détaille nos uniformes et jauge l'équipe dont il vient d'hériter. Il nous conquiert sans peine par quelques anecdotes savoureuses sur son expérience militaire et nous quitte sans la moindre allusion aux réformes considérables qu'il envisage et que nous découvrirons au fil des mois.

Sous le masque enjoué de l'homme public chaleureux, blagueur et bon vivant, se cache une personnalité riche et complexe cultivant le secret et protégeant farouchement le sanctuaire de sa vie privée. Sa carapace est d'autant plus difficile à percer qu'elle s'est construite sur le cœur de sa nature profonde. Seuls ceux qui le connaissent de longue date sont à même d'interpréter les signaux faibles de ses sentiments réels, un œil sévère dans un visage hilare ou une main crispée dans une posture d'abandon nonchalante. Ses accès de colère sont parfois feints, mais qui prendrait le risque de mettre en doute leur sincérité ?

Le grand chambardement, annoncé très tôt, concerne le train de vie de l'Élysée. Le mot d'ordre, inspiré par sa fille Claude, est une « présidence modeste ». Il s'agit de rompre avec des habitudes jugées fastueuses et de rapprocher le pouvoir de la masse des citoyens. L'usage des sirènes et gyrophares est interdit à tous les occupants du Palais, l'exemple étant donné par le Président, qui s'attachera à respecter les feux rouges et les vitesses réglementées. Je souris en me rappelant une cérémonie dans la clairière de Rethondes où je représentais François Mitterrand. Le chauffeur de la Safrane mise à ma disposition m'avait embarqué, toutes sirènes hurlantes, à 180 km/h jusqu'à proximité des lieux de la cérémonie où nous avions attendu vingt minutes pour ne pas arriver en avance. Le très emblématique GLAM, qui regroupe les avions et hélicoptères militaires dévolus au transport du chef de l'État et des membres du gouvernement, est dissous et les ministres sont encouragés à emprunter, pour leurs déplacements, les moyens commerciaux. Le Président envisage même de supprimer la grande escorte des chevaux de la Garde républicaine déployée pour les visites d'État et les cérémonies nationales, comme le 14 Juillet. Quesnot monte aussitôt au créneau et fait valoir l'attachement des Français à cette institution qu'ils manifestent à chacune de ses sorties, mais aussi le goût des dirigeants étrangers pour cette tradition singulière et enfin la nécessaire mise en scène de la majesté de l'État. Il ajoute perfidement qu'une telle annonce aurait un effet dévastateur dans les rangs de la Garde. Chirac, qui est tout sauf dogmatique, revient sans hésiter sur ce projet funeste. Le chef de l'état-major particulier doit en revanche renoncer au garde d'honneur et à la guérite qui, depuis le général de Gaulle, marquaient son rang et son rôle à l'entrée du 14, rue de l'Élysée. Reconduit dans ses fonctions, Quesnot ne se battra pas pour conserver ce privilège, ayant compris que l'intention du Président n'est pas de marginaliser son état-major, bien au contraire.

Instruits par l'expérience des convois officiels, nous sommes, à juste titre, sceptiques sur les nouvelles modalités de déplacement des autorités. Il faudra moins d'un mois et quelques déboires pour que les sirènes ressurgissent et que le GLAM renaisse sous un autre nom.

La tentation de la « présidence modeste » reviendra quelques années plus tard avec François Hollande et connaîtra le même destin éphémère. On ne peut rien contre les lois de la gravité politique.

14

Un style différent

Le président Chirac a reconduit dans leurs fonctions, sans discussion et sans états d'âme, les membres de son état-major particulier. Il établit avec le général Quesnot des liens confiants qui inquiètent dans son entourage où ce dernier n'est pas en odeur de sainteté car jugé trop abrupt et lié à l'ancienne équipe, mais Chirac aime les baroudeurs et le sait totalement loyal. Qui plus est, il s'appuie sur lui pour gérer la crise des Balkans, n'ayant pas d'atomes crochus avec le chef d'état-major des armées. Méconnaissant l'intelligence brillante de l'amiral Lanxade et ses états de service irréprochables, il s'irrite de ses approches politiques et diplomatiques qui séduisaient François Mitterrand et lui reproche sans doute son ancienne proximité avec Balladur. La défiance qu'il lui manifeste se traduit par la pression, dérangeante pour les témoins subalternes que nous sommes, qu'il exerce sur lui au cours des conseils restreints. La crise éclate le 26 mai 1995, quand nos soldats qui gardent les dépôts d'armes lourdes en Bosnie sont pris en otages par les milices serbes. Le Président en attribue la responsabilité au chef d'état-major des armées, qui rappelle les décisions politiques qu'il a dû assumer après avoir mis en garde le Président et le gouvernement. Le nouveau Premier ministre, Alain Juppé, intervient alors pour expliquer la logique qui a conduit à ce dispositif alors qu'il était ministre des Affaires étrangères, mais le Président, estimant nos armées déshonorées par leur reddition devant des bandes armées, ne décolère pas.

L'amiral est atteint par la limite d'âge en septembre et la désignation de son successeur est à l'ordre du jour. Ce ne sera pas Quesnot, qui l'espérait mais qui a trop d'ennemis et qui n'adhère pas aux grandes orientations qui se dessinent : reprise des essais nucléaires et abandon du service militaire. Chirac veut un chef d'état-major qui soit un pur opérationnel et il choisit Jean-Philippe Douin, jusqu'ici chef d'état-major de l'armée de l'air, professionnel compétent et personnalité estimable mais trop rigide pour ces fonctions et qui le déçoit rapidement à son tour. Je découvre à cette occasion la méthode dont il use pour se défaire de collaborateurs sans se créer de nouveaux ennemis : à Quesnot, puis à Lanxade, il propose des fonctions d'ambassadeur. Le premier décline, n'ayant guère de goût pour la diplomatie, mais l'amiral accepte le poste de Tunis où il excelle, comme le Président en convient plus tard devant moi.

La crise bosniaque conduit Chirac à enchaîner les conseils restreints qui se réunissent deux ou trois fois par semaine. L'ambiance a radicalement changé. François Mitterrand leur donnait un caractère solennel, presque cérémonieux. La courtoisie glacée et le langage châtié qui présidaient aux échanges nous semblaient être l'essence même de ces réunions où se décidait le sort de nos armes. Chirac en bouleverse la forme et l'esprit. Tutoyant les membres du gouvernement et les nommant par leur prénom, il sollicite sans détour leur avis, plaisante, s'indigne parfois et tranche enfin sans équivoque. L'atmosphère détendue incite aux audaces et aux introspections. Bien que n'appartenant pas au cercle des proches du Président, Hervé de Charette et Charles Millon s'y livrent sans retenue. Le ministre des Affaires étrangères a son franc-parler et un sens aigu de la synthèse qu'il assène avec vigueur. Son homologue de la Défense est plus hésitant, attentif aux nuances et soucieux de débusquer les risques associés aux options présentées. Seul Juppé garde une certaine réserve, s'inquiétant justement des conséquences budgétaires des décisions prises. C'est la première guerre du chef des armées et il veut tout voir, tout comprendre, sans pour autant s'immiscer directement dans la manœuvre.

Dans le désordre furieux qui caractérise la gestion de la crise bosniaque, nous autres voyons naître un chef de guerre résolu, pragmatique et lucide par sa compréhension intime de la vocation et de l'emploi des armées.

Dans l'avion qui nous emmène à Vannes pour la cérémonie d'hommage aux soldats tombés lors de la reprise du pont de Vrbanja*, rupture majeure après tant d'années de soumission onusienne aux agressions

* Le 27 mai 1995, des miliciens serbes déguisés en Casques bleus s'emparent de ce pont en Bosnie, gardé par des soldats français de la FORPRONU. En application des nouvelles directives du président Chirac, « ne lâcher aucune position », une unité du 3e régiment d'infanterie de marine, appuyée par les canons du régiment d'infanterie et chars de marine, reprend le pont d'assaut au prix de lourdes pertes. Le capitaine Lecointre, futur chef d'état-major des armées, s'illustre au cours de ce fait d'armes qui marque une rupture décisive avec la passivité imposée jusqu'ici à nos troupes.

des milices locales, je commets mon premier impair. L'ambiance se prête, il est vrai, au franc-parler, autour d'un plat de cochonnailles que le Président nous contraint à partager avec lui. Quand l'avion entame sa descente, profitant d'un blanc dans la conversation, j'exprime ma joie de revenir à Vannes où j'ai commandé un régiment et où vit une de mes filles. Chirac ignore ma remarque et Quesnot me lance un regard d'avertissement. On n'évoque pas sa vie privée devant le Président sans y avoir été invité ! Jamais je ne l'aurais fait devant Mitterrand, mais j'apprends, ce jour-là, qu'il faut prendre garde à la chaleur amicale irradiée par le nouveau président. Elle exclut toute familiarité et laisse chacun à la place que lui attribue le protocole. On ne m'y reprendra plus.

Autour du chef de l'État, la jeune tribu des conseillers trouve ses marques sans qu'émerge, à ce stade, un phénomène de cour que Jacques Chirac n'encourage pas. Le Quai d'Orsay, dit-on, a colonisé l'Élysée. Outre le secrétaire général, Dominique de Villepin, que j'ai vu à la manœuvre sur le dossier rwandais, on ne compte pas moins de sept diplomates. L'un d'entre eux, François Delattre, est chargé du dossier de la Défense. Heureusement pour nous, ce jeune énarque chaleureux et rayonnant a choisi de coopérer avec l'état-major particulier en toute transparence. Son chef, Jean-David Lévitte, nous séduit par sa maîtrise des dossiers, sa hauteur de vues et sa plume élégante. Je retrouve aussi avec plaisir Bernard Émié avec lequel je me suis lié à Washington*.

* Ce diplomate accompli, intelligent, efficace et courageux, occupera des postes très exposés, en particulier à Beyrouth, Ankara

De fait, la cellule diplomatique occupe déjà une place enviée dans l'organigramme du Palais, poussée par le tropisme évident du Président pour la politique extérieure.

Le cœur du pouvoir, le lieu où se préparent les décisions majeures, est pourtant ailleurs : dans l'intimité du triangle familial qu'il forme avec Bernadette et Claude et dans les liens personnels qu'il entretient avec Alain Juppé et ses plus anciens conseillers, comme le très sage Maurice Ulrich. Le rôle de Claude Chirac est encore mal défini. Placée volontairement dans l'ombre de Jacques Pilhan, le brillant conseiller en communication de François Mitterrand qui a rempilé avec son successeur, cette jeune femme séduisante s'exprime peu, mais ses propos sont empreints de bon sens et témoignent d'une connaissance intime des ressorts de la société. Nul ne doute que son influence sur les choix du Président ira grandissant. Enfin, sans appartenir au premier cercle, les grognards de toujours, anciens de la Mairie de Paris, tels Bertrand Landrieu ou Annie Lhéritier, font tourner la machine avec un dévouement absolu.

En face et très proches, les conseillers de Matignon, immergés dans la bataille quotidienne des budgets, des lois et décrets, des normes et des décisions de conduite, nous envient et nous suivent, nous alertent et nous mettent en garde. Leur directeur de cabinet, Maurice Gourdault-Montagne, à l'instar du Premier ministre, se révèle impérieux et exigeant, mais, contrairement à Alain Juppé, il sait se départir du calme glacé qui

---

et Alger, mais sera aussi un grand ambassadeur à Londres avant d'être nommé à la tête de la DGSE.

terrorise les ministres novices. Son entente parfaite avec Dominique de Villepin devrait être un atout majeur dans les tempêtes à venir. En ce qui nous concerne, le chef du cabinet militaire est désormais le général Kelche, en qui j'ai toute confiance. Je devine pourtant, quand je le croise, le malaise qu'il ressent dans cet environnement tendu où il faut jouer des coudes pour se faire entendre. Sa position est d'autant plus inconfortable qu'il est plus ou moins coiffé par un « conseiller stratégique », Bruno Racine, dont l'urbanité et la hauteur de vues sont indiscutables, mais dont les clefs de compréhension lui échappent. Dans les grands rendez-vous que nous prépare discrètement le chef de l'État sur les questions de défense, la partie sera compliquée.

15

Mélanges

L'annonce de la mort de François Mitterrand, ce 8 janvier 1996, résonne étrangement dans les couloirs de l'Élysée. La disparition attendue de celui qui fut si longtemps l'adversaire sans concession de Jacques Chirac avant leur insolite rapprochement des derniers mois provoque un silence gêné, incertain, dans le cercle des jeunes conseillers. Le Président, pour sa part, manifeste une émotion sincère et décide d'en faire un moment d'unité nationale. Il prononce à la télévision un discours admirable, préparé avec sa plume talentueuse, Christine Albanel.

À l'état-major particulier, Dumont, Gheerbrant et moi-même sommes touchés par la mort de celui qui a été un temps notre président. En dresser le bilan serait prématuré et le cœur n'y est pas, mais nous échangeons brièvement quelques souvenirs. Notre chef, l'amiral Delaunay, qui a succédé à Quesnot en août dernier, ne partage pas notre émotion, mais sa vive sensibilité le retient de toute remarque.

Delaunay n'est pas un chef facile. Son esprit brillant et volontiers paradoxal le porte à traquer la vérité profonde des êtres et des dossiers, sans indulgence pour les facilités et les erreurs, mais avec une humanité vraie qui désarçonne et désarme les critiques. Il m'a fallu quelques mois pour me plier à son autorité bouillonnante et exigeante, mais du jour où j'ai compris qu'il avait acquis, par son travail, sa rigueur et son remarquable sens politique, la confiance totale du Président, je l'ai suivi avec ferveur dans toutes ses entreprises. En pratique, comme je suis, depuis octobre dernier, le seul officier général servant à ses côtés, il a fait de moi son adjoint direct, ce qui m'ouvre de vastes horizons en cette période de réforme profonde de tout notre appareil de défense.

N'endossant l'uniforme qu'exceptionnellement pour les Conseils de défense ou les conseils restreints et les cérémonies officielles, je n'ai ressenti mon changement de statut que dans le regard et l'attitude de certains conseillers. Le prestige des étoiles dans la société civile n'a pas entièrement disparu.

Mitterrand, pour sa part, ne faisait pas de différence. Sa détestation des corps constitués le poussait toujours à chercher l'homme derrière la fonction. Il m'est arrivé plus d'une fois de le représenter dans des circonstances solennelles et mon irruption en uniforme de colonel ne manquait pas de provoquer un grand émoi chez les généraux de haut rang devant lesquels je passais, imperturbable. Lors des messes officielles aux Invalides, en un temps où la laïcité républicaine s'accommodait des traditions catholiques, un fauteuil et un prie-Dieu isolés en avant des premiers rangs accueillaient le représentant du président de la République, ainsi exposé aux regards et aux commentaires de l'assemblée, qui jaugeait son attitude pendant l'office et guettait avec ironie et un rien d'hostilité d'éventuels signes de dévotion...

Un mois après les funérailles de l'ancien président, je suis invité à déjeuner par un diplomate de l'ambassade du Royaume-Uni. Après les habituels échanges prudents sur l'actualité, le bordeaux choisi avec goût par mon hôte délie les langues et il me parle de François Mitterrand. Il a reçu la mission délicate de récupérer les insignes de l'ordre de la Jarretière que lui avait remis la reine, quelques années auparavant.

Je suis surpris que cette prestigieuse décoration soit attribuée sous forme de prêt par la Couronne et mon compagnon s'en explique, un peu gêné : « Vous comprenez... Il y a des pierres précieuses d'une grande valeur ! » « Ce peuple de boutiquiers », disait Napoléon ! Le problème est que, dans le cas présent, la décoration a disparu. Chassigneux s'est engagé à la retrouver, mais les semaines passent et Buckingham s'impatiente. Mis en verve par ces confidences, le diplomate me raconte un bref échange qu'il a eu récemment avec Mme Thatcher. Après un dîner arrosé dont il semble coutumier, il lui a demandé avec culot : « Peut-on dire qu'il y avait quelque chose de sexuel dans vos relations avec François Mitterrand ? » Son interlocutrice, célèbre pour son smoking impeccable et ses tailleurs stricts, a marqué un temps d'arrêt, puis a répondu simplement : *« Yes »*, avant de lui tourner le dos.

Ma dernière rencontre avec la famille du prédécesseur de Jacques Chirac interviendra quelques années plus tard. Le Président m'appelle au téléphone : « Mon général, Mme Mitterrand est avec moi dans mon bureau. Pouvez-vous nous rejoindre ? » Fragile et vieillie, elle ne me reconnaît pas. Elle est venue plaider pour que l'hôpital militaire des Invalides garde son frère qui y a été admis quelques mois plus tôt et dont l'état ne justifie plus l'hospitalisation. « Vous ferez le nécessaire, bien sûr », me dit le Président. Je soupire intérieurement en pensant à l'agacement prévisible du médecin-général directeur de l'hôpital, mais les institutions des Invalides sont placées depuis Louis XIV sous la tutelle directe du chef de l'État et les interventions des puissants sont son pain quotidien. L'ancien président avait, on le sait, l'esprit de famille, ayant même logé pendant un an son beau-frère, Roger Hanin, dans l'appartement du roi de Rome, au deuxième étage de l'Élysée, aujourd'hui occupé par Mme Chirac. Son autre beau-frère pourra finir ses jours aux Invalides.

16

Un train d'enfer

L'illusion entretenue d'une victoire facile d'Édouard Balladur à l'élection présidentielle nous avait retenus de décrypter les projets du candidat Chirac dans le domaine de la Défense. Tout au plus l'avions-nous suspecté de vouloir relancer les essais nucléaires et remettre en cause les bases du service militaire.

Jean-Louis Georgelin, mon homologue au cabinet militaire de Matignon, et moi-même avions alerté en vain les chefs d'état-major sur les intentions probables du président élu. Les armées, se référant aux Tables de la loi, en l'occurrence le livre blanc de 1994, vivaient dans l'illusion que rien ne changerait. La première année du mandat présidentiel leur apporta un démenti cinglant et plaça l'état-major particulier au centre du maelström. Pendant quinze mois, nous fûmes sur tous les fronts, des opérations balkaniques à la protection du site de Mururoa, du désarmement nucléaire au rapprochement avec l'OTAN, de la professionnalisation des armées aux convulsions centrafricaines. Une révolution était en marche et, étroitement soudés autour de l'amiral Delaunay, nous jouions notre partition sans états d'âme, indifférents ou presque aux invectives qui venaient de tous bords.

La grave crise sociale de décembre 1995 n'affecta pas nos entreprises. Comme tous les Parisiens, nous nous convertîmes à la marche à pied et nous assistâmes au naufrage des projets de réforme du Premier ministre que nos concitoyens n'étaient, à l'évidence, pas prêts à accepter.

L'ambiance était morose autour de nous, mais nos dossiers nous tenaient à l'écart des conciliabules et des interrogations des conseillers politiques. Je crois pourtant que cet échec renforça Chirac dans l'idée que le tissu social et économique de la France ne pouvait être réformé qu'à petites doses et le poussa à se concentrer sur ce qu'il aimait le plus, les relations internationales et la Défense. Quelques années plus tard, j'en eus la confirmation lorsqu'il répondit au ministre des Finances, Laurent Fabius, qui venait d'exprimer de fortes réserves sur les crédits militaires : « Monsieur le ministre, votre discours me rappelle étrangement celui que mon administration voulait me faire tenir lorsque j'étais secrétaire d'État au Budget du général de Gaulle, il y a trente ans. Il n'y a jamais d'argent dans ce pays, même pour les projets essentiels… »

Il fallut un mois de consultations pour décider la reprise des essais nucléaires. Quesnot, convaincu de leur inutilité par François Mitterrand, s'inclina de bonne grâce, mais ses adjoints, dont j'étais, ayant lu le rapport Lanxade qui appelait à leur relance, adhéraient sans réserve au choix présidentiel. Nul n'avait prévu pourtant le tohu-bohu que déclencha cette annonce. Si nos concitoyens, dans l'ensemble, ne s'en émurent pas et apprécièrent l'audace gaullienne de ce geste, il n'en fut pas de même à l'étranger, où les gestes antifrançais se multiplièrent. Comme je l'avais compris à Washington, notre pays plus que d'autres suscite, dans le monde entier, des passions de haine, d'amour ou de jalousie qui tiennent à notre prétention à l'universalité et à notre arrogance intellectuelle. C'est sans doute le seul trait de caractère que nous partageons avec les États-Unis.

Il nous fallut, dans l'urgence, organiser la protection de Mururoa que Greenpeace voulait investir. La bataille de la communication, conduite depuis l'Élysée avec le conseil avisé de Pierre Servent, fut finalement gagnée.

La refonte des forces nucléaires qui suivit la campagne d'essais – dissolution du plateau d'Albion, destruction des missiles Hadès* et démantèlement du site de Mururoa – fut imposée aux armées dans la douleur. Les aviateurs pleuraient la perte de leur sanctuaire, l'armée de terre supportait mal d'être exclue du club nucléaire et tous s'inquiétaient du pari fait sur la simulation des essais. Les pressions amères que nous subissions ne troublaient pas Chirac, qui avait mûri ce projet dans le plus grand secret. En faisant ratifier par

* Ce missile balistique a été mis en service dans l'armée de terre au début des années 1990 pour remplacer le missile Pluton. D'une portée de 480 km et doté d'une charge nucléaire de 80 KT (cinq fois Hiroshima), il devait permettre au chef de l'État de marquer par une frappe unique à un ennemi s'en prenant à nos intérêts vitaux l'atteinte du « seuil nucléaire », c'est-à-dire la limite à ne pas dépasser sans prendre le risque de la mise en œuvre massive de nos forces nucléaires stratégiques. Sensible aux inquiétudes exprimées par Helmut Kohl sur les conséquences d'une frappe sur le sol allemand, François Mitterrand avait décidé en 1992 la « mise sous cocon » de ces missiles qui n'étaient donc plus opérationnels mais pouvaient être rapidement réactivés.

la France le traité d'interdiction des essais nucléaires et en renonçant unilatéralement à la production de matières fissiles, il s'offrait même le luxe, lui, le paria de 1995, de prendre la tête du mouvement mondial de désarmement nucléaire.

Avant même que ne soit ébauché le futur modèle d'armée dont rêvait le Président, une révolution, moins visible, était à l'œuvre. En Bosnie, en décidant que nos forces n'auraient plus à subir la loi des milices et en imposant à l'ONU le déploiement d'une force de réaction rapide, le chef des armées avait rompu avec le dogme « humanitaire » des « soldats de la paix » et rendu les troupes à leur vocation, qui est de combattre pour vaincre. Ce retour aux fondamentaux avait été reçu avec l'enthousiasme que l'on imagine dans les unités.

En revanche, la professionnalisation fut imposée après des batailles homériques au sein du « comité stratégique » du ministère de la Défense où siégeait l'amiral Delaunay. Les chefs d'état-major y étaient très hostiles et se trouvaient soutenus par le Quai d'Orsay, qui s'inquiétait de la réduction du format et même par Bercy, qui craignait à juste titre le coût « prohibitif » d'une armée de métier. Il fallut enchaîner les Conseils de défense jusqu'à ce que Chirac tape du poing sur la table, puis subir les foudres du président de l'Assemblée nationale, Philippe Séguin, avant que ne soit votée la suspension du service national, sous la pression d'une opinion publique très favorable. Ces circonstances exceptionnelles me valurent de rédiger, sous la houlette de Delaunay, le discours d'annonce de la professionnalisation que le Président délivra aux chefs militaires réunis, en février 1996, à l'École militaire.

Très douloureuse pour les armées, qui perdaient jusqu'à 40 % de leurs unités, cette décision était largement contestée par les officiers les plus anciens, qui y voyaient la fin du lien consubstantiel entre l'Armée et la Nation. Convaincu pour ma part que cette mesure était inéluctable en raison des nouvelles exigences opérationnelles mais aussi – on l'oublie trop souvent – de l'injustice devenue flagrante devant le service militaire*, j'étais régulièrement pris à partie dans les réunions auxquelles je participais.

Mon expérience personnelle des régiments d'appelés et d'engagés et mes souvenirs de Londres et Washington me donnaient des arguments que nul ne voulait entendre, tant le concept de « Nation en armes » était ancré dans les esprits.

Après les invectives des officiers supérieurs, nous eûmes à gérer les plaintes des maires qui perdaient « leur » régiment ou « leur » base. Le plus délicat fut cependant le traitement des états d'âme de nos amis allemands découvrant au dernier moment la décision française et la fermeture à court terme de la plupart de nos garnisons outre-Rhin. Je dus négocier pas à pas avec la Chancellerie le redéploiement de notre dispositif.

Dans le tourbillon des réformes qui s'enchaînaient, la situation dans le « pré carré » africain n'appelait pas, heureusement, de décision urgente. Certes, Chirac

---

* En pratique, près de la moitié d'une classe d'âge échappait au service militaire, soit par exemption (conditions familiales), soit par réforme médicale, soit encore par choix d'une forme civile de service national. Ainsi, une grande partie de l'élite bourgeoise et nombre des plus défavorisés (état physique, addictions, condamnations…) ne bénéficiaient plus des vertus patriotiques et de socialisation d'un brassage universel sous l'uniforme.

avait dû mettre un terme à l'automne aux entreprises douteuses de Bob Denard aux Comores, mais il fallut attendre la fin du printemps 1996 pour que la Centrafrique nous impose d'intervenir militairement. Je ne pouvais que me réjouir de cette période de calme, car la situation à l'Élysée, sur ce front, était ambiguë.

Deux cellules Afrique cohabitaient en s'ignorant : l'officielle, dirigée par Michel Dupuch et adoubée par Villepin et l'officieuse, dirigée par Jacques Foccart, rendant compte directement au Président. L'état-major particulier n'avait de rapports avoués qu'avec Michel Dupuch, un vieil ambassadeur rigoureux et lucide (sauf en ce qui concernait la Côte d'Ivoire où il avait servi trop longtemps), irascible et impérieux. Heureusement, son adjoint, Xavier Patier, talentueux écrivain, égayait nos réunions de son humour léger et fantaisiste. Toutefois, l'équipe Foccart s'étant installée au rez-de-chaussée de notre immeuble, nous ne fermions pas notre porte à l'ambassadeur Wibaux, un homme de l'ombre comme son maître, d'une exquise courtoisie, et qui nous enchantait d'anecdotes truculentes et de perfides traits d'esprit. Je sus très vite que les dirigeants africains qui passaient par Paris ne manquaient pas de visiter les deux cellules, auxquelles ils tenaient d'ailleurs des discours différents. Chirac s'accommodait des sons de cloche divergents qui lui parvenaient, mais se reposait sur Dupuch pour la gestion des affaires courantes. La mort de Jacques Foccart, en mars 1997, mit fin à cet étrange doublon. En tout état de cause, le Président, instruit par le drame du Rwanda, s'avéra beaucoup plus réticent que son prédécesseur aux interventions militaires. Ainsi ne se décida-t-il à venir au secours d'Ange-Félix Patassé, le président centrafricain menacé par une rébellion interne (armée en République démocratique du Congo), que parce que l'appel venait d'un dirigeant élu régulièrement et notoirement antifrançais ! J'eus à peine le temps d'apprécier l'action efficace de Bernard Thorette à la tête du détachement français, car je quittai l'Élysée pour rejoindre Fort-de-France où je devais prendre le commandement des armées aux Antilles.

Avant mon départ, je fus reçu brièvement par Chirac, qui me vanta longuement les mérites d'Aimé Césaire. Après ces années intenses brûlées par les feux du pouvoir, j'aspirais à une vie différente. Je ne fus pas déçu.

Dans le cadre enchanteur de la Martinique, je connus deux années de félicité, bercées par le bruit des vagues et ternies seulement par les tensions raciales qui s'exprimaient en toute occasion, parfois sous la forme de mouvements sociaux violents qui mobilisaient nos forces en soutien de la gendarmerie. Les premiers temps, je hantais les couloirs de l'état-major en dehors des heures de service et consultais fiévreusement mon téléphone portable, dans l'attente d'une crise qui ne venait pas. Puis je m'habituai au rythme dolent des îles. Quand je rendis visite, après un an, au chef d'état-major des armées, il m'interpella sèchement : « Vous avez un bronzage insolent ! » Je lui répondis sans me démonter : « Mon général, je pense que vous auriez lieu de vous inquiéter si je me présentais à vous blanc comme un cachet d'aspirine. Cela voudrait dire que je passe mes journées enfermé dans mon bureau, ce qui n'est pas ce que vous attendez d'un chef sur le terrain. » Il en convint. Au fil des mois, cependant, l'impatience me gagnait et j'avais hâte de plonger à nouveau dans la fournaise parisienne.

17

Un retour difficile

Moins de trois ans plus tard, en avril 1999, le président Chirac me nomme chef de son état-major particulier. Le coup de téléphone amical de l'amiral Delaunay me l'annonçant m'a laissé sans voix, tant cette perspective me semblait improbable. Depuis quinze jours, en effet, le ministre de la Défense s'opposait à cette nomination au nom du nécessaire équilibre entre les armées : les cabinets militaires de Matignon et de l'hôtel de Brienne étant dirigés par un marin et un terrien, l'Élysée aurait dû revenir à un aviateur. Alain Richard me dira plus tard qu'il avait levé son veto après m'avoir entendu sur un dossier complexe suivi par la Délégation aux affaires stratégiques (DAS) dont je suis, pour quelques jours encore, le directeur adjoint. Cet examen de passage involontaire et imprévu a mis fin au bras de fer. En vérité, c'est d'abord à la ténacité de Delaunay que je dois cette affectation enviée et redoutée. À mon retour des Antilles, il a obtenu, contre l'avis du chef d'état-major de l'armée de terre, que je sois affecté à la DAS, le centre nerveux des dossiers politico-militaires au sein du ministère, puis, ayant décidé que je lui succéderais, il a fait le siège du Président... et du ministre de la Défense.

Deux jours avant ma prise de fonctions officielle, j'embarque avec la cellule diplomatique dans l'Airbus présidentiel. Nous volons vers Washington, où se tient un sommet de l'OTAN.

Ce séjour rapide dans la capitale américaine, où j'ai vécu des années heureuses en tant qu'attaché militaire, me laisse un sentiment de malaise. Le Président m'a accueilli aimablement, mais ne m'a pas reçu et ne m'a donné aucune directive. Plusieurs fois, au cours des réunions de travail avec les diplomates auxquelles je me suis invité, j'ai senti peser sur moi son regard scrutateur, mais il ne m'a posé aucune question. J'ai le sentiment étrange d'être un imposteur, d'avoir pris la place d'un autre, celui qu'il attendait. Du moins ai-je pu tenir mon rôle *a minima* en lui présentant, le matin, la situation dans les Balkans où nos avions sont engagés avec l'OTAN dans la campagne aérienne contre la Serbie de Milošević.

Le Président a changé, plus posé, moins confiant. Quatre années de pouvoir et l'épreuve de la cohabitation semblent avoir étouffé en lui l'étincelle de la passion. Pourtant, le soir, autour d'une table à laquelle il convie ses collaborateurs, je retrouve le Chirac des débuts, chaleureux, enthousiaste et drôle, déclamant de concert avec Frédéric Grasset, le chef du protocole, de longues tirades de *La Négresse blonde* de Georges Fourest, ce poète léger dont les œuvres voisinent dans ma bibliothèque avec celles de Tristan Derème. Ma réserve naturelle et mon éducation protestante me retiennent de me joindre à eux.

Je suis frappé par sa proximité avec « ses » diplomates. Le partage du pouvoir avec Lionel Jospin a recentré son action sur le « domaine réservé » et son entente avec Hubert Védrine qu'il tient en haute estime facilite ce changement de cap qui flatte son goût pour le grand large. Jean-David Lévitte tient naturellement une place de choix dans le nouvel ordre de marche de l'Élysée. Ce diplomate hors pair, fin, rapide et d'humeur toujours égale, déploie à son service une formidable puissance de travail, avec l'habileté orientale d'un sinologue averti.

Les relations de la cellule diplomatique avec l'état-major particulier ne sont plus celles que j'ai connues. François Delattre, avec lequel j'avais une grande complicité, a été remplacé par Thierry Dana, un esprit brillant et acéré, farouchement individualiste, plus enclin à la compétition qu'à la coopération. Delaunay ne m'a pas caché ses interrogations. La forte crédibilité qu'il avait su asseoir auprès du Président ne m'est pas acquise. C'est une aubaine pour ceux qui pensent pouvoir accroître leur influence aux dépens des militaires. Tel est le cas, entre autres, de Michel Dupuch, le conseiller pour les affaires africaines, libéré, on l'a dit, depuis deux ans de l'ombre tutélaire de Jacques Foccart.

Dans cet environnement délétère, je ne manque pourtant pas d'appuis. Bertrand Landrieu, le sage et serein directeur de cabinet, encourage discrètement mes premiers pas et tous les matins, après le point de situation chez Dominique de Villepin, je retrouve avec bonheur Pierre de Bousquet, Jean-François Cirelli et Christine Albanel autour d'une tasse de café. En charge des dossiers de la sécurité nationale, Pierre distille avec une rare élégance des propos réfléchis et souvent incisifs. Jean-François, conseiller économique, chaleureux et caustique, est un observateur amusé de la comédie du pouvoir. Christine, conseillère culturelle et plume du Président, a l'impertinence et l'indulgence de ceux qui ont tout vu et tout lu sans en faire étalage. Leur humour et leurs conseils amicaux me gardent de céder à la morosité qui me guette parfois*.

Ma chance est d'être entouré d'officiers d'une exceptionnelle qualité avec lesquels je partage mes interrogations et mes projets. Henry Clément-Bollée, Édouard Scott de Martinville et Stéphane Abrial seront les principaux artisans de la reconquête de la crédibilité de l'état-major particulier auprès du Président**. Plusieurs fois par semaine, autour de la table ronde d'époque Empire, comme tout le mobilier de mon bureau, qui occupe le coin droit de ce qui fut vers 1900 la chambre à coucher de Maurice Fenaille, grand mécène amoureux des rondeurs mutines de François Boucher, nous passons en revue les dossiers en cours et échangeons les dernières rumeurs du Palais.

Dix jours après mon retour, je suis reçu par Mme Chirac. Cette grande dame, aussi admirable qu'insupportable, exigeante et généreuse, m'accueille dans le style direct et abrupt qu'elle cultive à dessein.

---

* Tous connaîtront par la suite un destin privilégié : Christine Albanel sera ministre de la Culture, Pierre de Bousquet, préfet de région, dirigera la DST et sera nommé par le président Macron « coordinateur du renseignement et de la lutte antiterroriste », Jean-François Cirelli, après avoir été directeur adjoint du cabinet du Premier ministre Jean-Pierre Raffarin, deviendra P-DG de Gaz de France et, plus tard, président de Black Rock France.

** Mon hommage et mes remerciements s'étendent à ceux qui les ont précédés ou suivis et qui ont tous assumé leurs fonctions avec une efficacité et un dévouement remarquables : Xavier de Zuchowicz, Daniel Bastien, Richard Wilmot-Roussel, Bruno Clément-Bollée, Édouard Guillaud.

« On me dit, général, que vous avez servi le président Mitterrand ? — Oui, Madame, j'ai été l'adjoint du chef de son état-major particulier, de 1993 à 1995. — Eh bien, nous comptons que vous nous fassiez partager votre expérience ! » Elle ne me cache rien de ses inimitiés à l'égard des collaborateurs de son mari qui l'ont poussé à la désastreuse dissolution de 1997. Notre entretien se prolonge autour de la Corrèze où elle exerce un mandat électif et souhaite mon appui pour que les effectifs militaires soient maintenus. Elle s'inquiète enfin du rythme de voyages excessif auquel le Président est soumis… En prenant congé, après ce long monologue, je suis impressionné et je comprends mieux pourquoi on la dit indispensable à Jacques Chirac. Elle se bat à ses côtés comme une tigresse et avec plus d'habileté qu'on ne le croit. Son livre d'entretiens avec Patrick de Carolis sera un coup de maître.

Peu de temps après, je rejoins le couple présidentiel sur la terrasse du parc, avant une cérémonie officielle. Chirac me prend par le bras : « Bernadette, je vous présente le chef de mon état-major particulier, le plus brillant des généraux de division de notre armée. » Sur le visage indéchiffrable du chef de l'État, je cherche la pointe d'ironie que j'ai cru déceler dans sa voix. Mme Chirac m'adresse un large sourire : « Le général et moi avons fait connaissance. »

18

La chapelle du Général

Un coup de téléphone du Président, quinze jours plus tard, me plonge dans une profonde perplexité. « Mon général, Jérôme Monod, qui a été mon directeur de cabinet à Matignon, va rejoindre notre équipe. C'est un ami de longue date qui a exercé des responsabilités très importantes. La question se pose donc de sa place dans le protocole. Ma question est la suivante : serait-il mal perçu dans les armées qu'il prenne rang devant le chef de l'EMP ? Réfléchissez-y et rappelez-moi. »

Je consulte rapidement les archives : tous mes prédécesseurs de la Ve République ont été inscrits au deuxième rang protocolaire, derrière le secrétaire général de l'Élysée.

Le plus simple serait de céder. Ce déclassement relatif du chef de l'EMP passerait largement inaperçu dans les armées en dehors du cercle étroit des plus hauts responsables militaires et le Président me serait reconnaissant de lui avoir facilité la tâche avec son vieil ami. Je sens bien, pourtant, qu'au-delà des circonstances, il y a un symbole, une question de principe importante, sinon essentielle. L'amiral Delaunay, que je consulte, me répond sans ambiguïté : « Ce serait un mauvais signal. » « Si je dis non et si le Président passe outre, dois-je démissionner ? » « Vous seul pouvez en décider. »

Je rappelle Chirac : « Monsieur le Président, j'en suis désolé pour M. Monod, mais je crois qu'il ne faut pas toucher à l'ordre protocolaire. Il a été voulu par le général de Gaulle pour marquer l'importance de la responsabilité de chef des armées. Les militaires ne comprendraient pas. » Il n'insiste pas et n'y reviendra jamais.

L'arrivée de Jérôme Monod modifie les équilibres au sein du cabinet présidentiel en renforçant le clan des anciens. Dans les réunions fréquentes qui animent le Salon vert, aux avis pondérés et raisonnables de Maurice Ulrich délivrés posément d'une voix grave aux accents ensoleillés se joindra ou s'opposera désormais la verve tranchante de l'ancien patron de la Lyonnaise des eaux. Ce petit homme, mince et nerveux, dégage un étonnant parfum d'autorité et d'énergie et son regard perçant désarme les beaux parleurs et confond les courtisans mielleux.

Mme Chirac a tenu à donner à l'ami de la famille un bureau digne de ses nouvelles fonctions. On aménage pour lui le Salon d'argent et, par un curieux concours de circonstances, cette décision clôt, sur un mode burlesque, l'histoire mélancolique de la chapelle de l'Élysée.

Le Général, en prenant à regret ses quartiers dans ce « palais de cocottes », avait décidé de rétablir le lieu de culte supprimé dix ans plus tôt par Vincent Auriol. L'oratoire, où il suivait régulièrement la messe avec son épouse, occupait une salle dans l'aile est bordant la cour d'honneur.

Je l'avais découverte par hasard, du temps de François Mitterrand, en interrogeant sur l'usage de cette pièce toujours fermée, à laquelle on accédait par un petit escalier incongru, un garde de faction à l'entrée du couloir. Par chance, ce dernier était un ancien qui avait connu tous les présidents de la Ve et ne répugnait pas à en parler. Il m'avait fait visiter les lieux dont il détenait seul la clef et m'avait conté leur étrange destinée.

Dans la salle exiguë, montée sur une estrade de salle de classe, une table d'autel en bois très simple, couverte d'une nappe brodée et surmontée d'un crucifix ordinaire, faisait face à deux prie-Dieu et quelques chaises. Ce décor minimaliste était touchant de simplicité. Le garde me précisa que le Général avait payé de sa poche les objets du culte et les tableaux qui ornaient, à son époque, les murs de la chapelle et qu'en quittant l'Élysée il en avait fait don à son neveu François, un père blanc qui y disait souvent la messe.

Pompidou, sans s'y intéresser, avait laissé les lieux en l'état.

Après son intronisation, Valéry Giscard d'Estaing s'était fait ouvrir toutes les pièces du Palais et, mû par un souci louable de rationalité, nourri sans doute par un scepticisme assuré à l'égard des religions, avait fait transformer la chapelle en local à balais.

François Mitterrand, pour sa part, après un an de présidence, s'était enquis de l'oratoire du général de Gaulle. Mon garde n'avait pas oublié sa visite impromptue du débarras encombré d'appareils ménagers. Le Président, après un long silence, lui avait donné l'ordre de faire remettre la pièce dans l'état où elle était du temps du Général. Cette décision ne manquait pas de surprendre quand on savait les relations détestables qu'il avait eues avec son grand prédécesseur. J'y voyais un indice de son désir secret de chausser les bottes de géant du fondateur de la Vᵉ République auquel il avait reproché, à la Libération, de « confisquer la France ». Ce ralliement tardif s'exprimait dans des détails, faute de pouvoir s'afficher publiquement. L'affaire avait été prise en main par l'intendant du Palais, qui avait retrouvé l'autel et les prie-Dieu qu'un gestionnaire prudent avait entreposés dans une cave oubliée. Mitterrand visita la chapelle rétablie dans son intégrité (mais sans les décors personnels de son initiateur) et il ordonna qu'on la tienne fermée. Cinq ans plus tard, empruntant ce couloir pour se rendre au PC Jupiter, le chef de l'État trouva la porte ouverte et découvrit que sa femme y avait fait déposer des cartons d'archives qui s'entassaient au pied de l'autel. « Enlevez-moi tout ça et dites à ma femme de trouver un autre lieu pour ranger ses documents. » Il n'y remit jamais les pieds.

Depuis mon retour à l'Élysée, je passe tous les jours devant cette porte fermée et je m'arrête parfois pour échanger quelques mots avec le garde en faction. J'apprends ainsi que Mme Chirac a fait restaurer la chapelle pour la visite du pape Jean-Paul II, en 1997, en espérant qu'il pourrait y dire une messe, ce qui n'a pu se faire. Un mois après l'arrivée de Monod, curieux des changements apportés par la première dame, je me fais ouvrir la pièce. Sur le pas de la porte, je suis pris d'un fou rire nerveux que je réprime à grand-peine : sur l'estrade, devant l'autel, trône le canapé sur lequel Félix Faure a trouvé une mort heureuse dans les bras de sa maîtresse ! Ayant dû faire de la place pour installer dignement son vieil ami Monod dans le Salon d'argent, Mme Chirac a fait entreposer dans la chapelle du Général le meuble le plus tristement célèbre de l'Élysée. Si elle l'apprenait, la fière et pieuse épouse du Président en serait mortifiée. Je me garde de tout commentaire et n'ébruite pas la nouvelle. De Gaulle, qui avait l'humour féroce, n'aurait pas apprécié ce pied de nez de l'Histoire. De longues années plus tard, le président Macron aura la délicatesse, voulue ou non, d'en faire le bureau du général Georgelin, auquel il a confié le dossier de la restauration de Notre-Dame, mais sans le canapé de Félix Faure.

19

Confiance ?

Il m'a suffi de quelques jours pour comprendre que Jacques Chirac n'accorde pas spontanément sa confiance à des collaborateurs qu'il ne connaît pas, même s'ils lui ont été recommandés. La plupart des membres de son cabinet ont milité à ses côtés, au moins pendant la campagne présidentielle. Les anciens de l'Hôtel de Ville ont une place à part et se reconnaissent à l'affectation qu'ils mettent à l'appeler « Monsieur » et non « Monsieur le Président ». Il en tutoie certains, mais sans réciprocité, et il embrasse les femmes, mais sans familiarité. Il appelle chacun par son prénom, sauf les officiers de l'EMP qu'il nomme par leur grade.

Christine Albanel m'explique avec humour son fonctionnement : « Il a une excellente mémoire, mais il croise des milliers de gens. Pour pouvoir les reconnaître et éviter les bévues, il classe ceux qu'il est appelé à revoir dans des cases. Il y a la case "militants RPR", la case "balladuriens", la case "diplomates", etc. Toi, tu es dans la case "militaires", avec tous les superlatifs et toutes les limites qu'on devine. Son système est, bien sûr, réducteur parce que personne ne rentre vraiment dans une seule case, mais il est évolutif. Un jour, tu seras, dans son esprit, Henri Bentégeat, avec ses forces et ses faiblesses... mais il faut du temps, beaucoup de temps, pour sortir de sa case. »

Tous les matins, je l'attends à 8 heures à l'entrée de son bureau pour lui faire un point de situation sur les opérations. Avant son arrivée, je bavarde avec Marianne, sa très vive et chaleureuse secrétaire particulière, une ancienne de l'Hôtel de Ville qui sait tout de la vie du Palais et n'en livre rien. Chirac l'embrasse, ramasse son courrier, me serre brièvement la main et me fait entrer dans son bureau. Notre échange dure rarement plus de dix minutes, pendant lesquelles il m'écoute attentivement et me pose peu de questions.

Dans les premiers temps, Marianne n'hésite pas à m'alerter : « Il y a une réunion qui vous intéresse au Salon vert. Vous devriez venir. » Je cours jusqu'au Palais et me glisse discrètement aux côtés du Président qui me jette un coup d'œil rapide et ne bronche pas. Bientôt, je maîtriserai suffisamment l'agenda présidentiel pour n'être plus surpris.

Totalement habité par sa fonction, Chirac consacre tout son temps et toute son énergie à sa tâche. Contrairement à Mitterrand, qui s'ouvrait autant qu'il le pouvait des espaces de liberté, le Président travaille sans relâche, annotant les dossiers de ses collaborateurs, multipliant les réunions ou recevant discrètement. Le samedi, quand il n'est pas en voyage officiel, est consacré à la relecture de ses discours à venir. Il convoque dans le Salon vert le rédacteur du projet et ceux qui y ont un intérêt direct ou indirect. On y croise le plus souvent Claude Chirac et la cellule de presse, Catherine Colonna, la brillante et discrète porte-parole, Maurice Ulrich et Jérôme Monod quand les enjeux sont manifestes et Dominique de Villepin quand ce dernier ne peut l'éviter. Pendant une heure ou deux, Chirac lit le texte qu'on lui propose, s'interrompant après chaque paragraphe pour quêter un avis ou émettre une réserve. Il corrige à l'encre rouge avec un soin extrême… Pour notre plus grande joie, il s'interrompt parfois pour raconter un souvenir de jeunesse ou un incident tragique ou comique. Il lui arrive même d'évoquer des instants pénibles de sa vie politique. Les seuls dont il parle avec rancune sont Valéry Giscard d'Estaing et Pierre Joxe, sans que je sache ce qu'il reproche précisément au premier président de la Cour des comptes si ce n'est son intransigeance et son mauvais caractère. Devant moi, il ne critique jamais Édouard Balladur et ceux qui l'ont « trahi » en 1995. Au fil des ans, je connaîtrai son répertoire habituel d'anecdotes, mais je ne me lasserai pas de les entendre, car il sait raconter : déployant lentement sa grande carcasse dans le fauteuil doré qui lui est réservé, il nous toise avec un sourire vaguement ironique, puis sa voix chaude et rauque d'ancien fumeur, soulignée par les gestes mesurés de ses longues mains ouvertes, nous entraîne sur les sentiers de sa jeunesse ou vers les bas-côtés de ses combats politiques. Quand il sent son public réceptif, il ponctue ses propos de ces plaisanteries gauloises dont on le sait friand et qui provoquent chez sa fille des haussements d'épaules agacés. Il conclut brusquement d'un grand éclat de rire et, sans transition, reprend à voix haute la lecture de son discours.

Le dimanche après-midi est réservé à ses amis ou ses alliés et il peut enfin se livrer sans retenue à sa passion, le téléphone. C'est aussi le seul moment de la semaine où je peux évoquer avec lui sereinement les dossiers les plus complexes, les prochains Conseils de défense, les exportations sensibles d'armement, les difficultés de la cohabitation... Il me reçoit en tenue d'intérieur, vaguement négligée, sweat-shirt, pantalon large et chaussures sportives, et je me sens un peu ridicule en costume-cravate. Sur son bureau, selon l'heure, une bouteille de bière française, car il a renoncé à la Corona en prenant ses fonctions, ou un verre de gin tonic attend mon départ. Le Président approuve la plupart de mes propositions, mais notre entretien reste formel. Je le sens impatient de reprendre son combiné. Un dimanche de juin, il me retient à la sortie de son bureau : « Avez-vous parlé avec le garde du palier ? Vous devriez lui dire un mot. Il a de gros problèmes personnels et sa femme est malade. » Il est sincère. Sous l'« animal politique » et ses recettes de séduction, il y a une vraie compassion, un intérêt authentique pour les êtres. J'en aurai cent exemples.

Au fil de nos rencontres, je mesure le chemin qui reste à parcourir. Il y a ce matin du mois de mai où je lui propose une décision opérationnelle. Avec un sourire, il me répond : « Demandons son avis au général Kelche. » J'ai beau lui certifier que j'ai l'accord du chef d'état-major des armées, il décroche son téléphone. Humilié par ce geste de défiance, je me raisonne en reconnaissant l'importance de ces contacts directs entre le chef des armées et le premier responsable militaire, surtout dans le contexte inflammable de la cohabitation. Il y a encore cet incident au cours d'un conseil restreint. Il me tend un papier : « Combien avons-nous de TCD (navires de transport adaptés à des opérations de débarquement) ? » Peu sûr de moi, je lui rends son papier : « Deux. » Heureusement, il n'en fait pas état dans la discussion. Dès la fin du conseil, j'interroge Édouard Scott de Martinville, qui m'apprend que la marine s'est dotée de deux TCD supplémentaires. Je reviens vers le Président : « Je vous ai donné une fausse information. La marine a maintenant quatre TCD. » Le regard lourd, il hoche la tête : « Je le savais. »

Heureusement, il y a ces moments privilégiés que sont ses visites aux armées. Annie Lhéritier, sa très fiable et dévouée chef de cabinet, un roc d'humanité et d'efficacité dans les eaux incertaines du pouvoir, me confie que ce sont ses voyages préférés. Au contact des jeunes officiers, des sous-officiers et des hommes de troupe, il revit sa passion de jeunesse, interroge, plaisante, redevient ce chef charismatique que l'âge et les revers de fortune n'ont pas tué, recouvert seulement du masque trompeur de la solennité politique. Les séances de relecture sont des plus brèves, car il ne change pas un mot de mes projets de discours. Delaunay lui avait vanté mes qualités de rédacteur, mais mon mérite est faible, car je sais comme lui, dans mes tripes, les ressorts de l'âme tourmentée de la communauté militaire.

Au début du mois d'août, avant de partir en vacances, il m'annonce à l'improviste que je serai nommé général de corps d'armée le 1er septembre. « Il n'est pas normal que le chef de l'état-major particulier ne porte que trois étoiles. » Mon départ n'est donc pas à l'ordre du jour !

20

Cohabitations

Chirac n'encourage pas, on l'a dit, le phénomène de cour et cultive autour de lui un climat de relations simples et apaisées. Pourtant, son entourage n'échappe pas à la loi d'airain des lieux de pouvoir et chacun de ses conseillers brigue ses faveurs, consciemment ou non, dans l'espoir de peser sur ses décisions et, presque toujours, de favoriser ses ambitions de carrière. Sa manière d'être, affective et attentionnée, renforce chez eux, plus qu'elle ne dissuade, l'ambition de devenir le « disciple que le prince aimait ». Au-delà des sensibilités politiques, qui vont de la droite classique au centrisme de gauche, indépendamment même des corporatismes, flagrants chez les hauts fonctionnaires, le service de la France s'incarne ici dans l'attachement à un homme dont on admire le sens de l'État, la dignité, l'expérience et la sagesse et que l'on cherche aussi à protéger de ses faiblesses connues, le franc-parler imprudent et les moments de doute dont le caractère paradoxal et pour tout dire antinomique dit beaucoup du mystère qui l'entoure. Son entourage, plus qu'une équipe soudée, est une mosaïque de cohabitations et d'ambitions contraires.

Mes relations avec la cellule diplomatique se normalisent au fil des jours, d'autant que nous sommes rarement en désaccord, mais sans la perspective d'une franche coopération. Je soupçonne Thierry Dana, dont j'apprécie l'humour mordant et l'esprit incisif, d'avoir une conception réductrice des capacités et du rôle des responsables militaires.

J'élargis donc mes contacts au Quai d'Orsay, au ministère de la Défense et à Matignon.

Auparavant, un incident me donne l'occasion d'une mise au point avec Michel Dupuch. Le chef du Centre d'opérations interarmées m'appelle pour me demander confirmation d'un ordre qu'il a reçu directement du conseiller Afrique, exigeant qu'un aviso présent dans le golfe de Guinée se porte immédiatement en vue de la côte congolaise car des troubles viennent d'éclater à Pointe-Noire. L'état-major n'y est pas favorable, l'aviso ayant une mission prioritaire en cours et la sécurité de nos ressortissants au Congo étant assurée par d'autres moyens. J'annule aussitôt ces « directives » et, bouillant de colère, j'appelle Dupuch à qui j'exprime sans ménagement mon indignation, étant acquis que je suis le seul habilité à donner des ordres aux armées au nom du Président. Il le prend de haut et il faut que j'expose son comportement irresponsable pour qu'il daigne abandonner son ton condescendant. Nos relations resteront glaciales, mais il ne se mêlera plus des opérations militaires.

N'ayant aucun goût pour le *wording*, cette négociation mot à mot du communiqué final qui constitue l'essentiel des activités des diplomates pendant les réunions au sommet, je décide de limiter ma participation aux voyages officiels. L'aide de camp saura transmettre directement au Président, au moment opportun, les notes que je lui adresserai. J'ai une confiance absolue dans ces officiers qui appartiennent à l'EMP, mais travaillent directement avec le chef de cabinet et le protocole pour organiser et conduire les déplacements du Président. Certains, comme Benoît Lugan, établiront des relations étroites avec Jacques Chirac et sa famille.

Au Quai, j'entretiens des contacts réguliers avec Pierre Sellal, le très efficace directeur de cabinet d'Hubert Védrine, et avec Gérard Errera, le subtil stratège et négociateur qui assume avec finesse et doigté les fonctions délicates de directeur général des Affaires politiques. Ma connaissance précise des dossiers, acquise à la DAS, facilite ces échanges qui sont souhaités de part et d'autre.

Au ministère de la Défense, mon interlocuteur naturel est le général Kelche. Nos relations sont anciennes et d'estime réciproque. Je n'oublie pas que le jour où il a été nommé chef d'état-major des armées, il a dit très simplement au jeune brigadier que j'étais : « C'est vous qui me succéderez ! » N'ayant pas pour habitude de me projeter dans l'avenir lointain, j'en ai été surpris et touché. Cela ne m'empêche pas de commettre une grave erreur lors du premier comité restreint auquel je participe. Invité par le Premier ministre à s'exprimer sur la situation au Kosovo, le CEMA propose le déploiement d'hélicoptères de combat en Albanie pour préparer une éventuelle intervention. Connaissant l'opposition absolue de Chirac à tout engagement terrestre, j'interviens aussitôt pour contrer sa proposition, qui n'est pas retenue. De retour à l'Élysée, je mesure ma faute : en critiquant publiquement les propositions du CEMA, j'ai affaibli son autorité et sa crédibilité. Le lendemain, je lui présente mes excuses dans son bureau et lui promets qu'il ne m'arrivera plus jamais de m'opposer à lui au cours d'une réunion officielle. Ma démarche le surprend visiblement, mais je le sens rassuré. Il prend soin désormais de m'informer à l'avance de ses projets, ce qui me permet en retour de le sensibiliser préventivement aux orientations du Président. Nous sommes d'ailleurs en contact quotidien pendant la campagne aérienne contre la Serbie, car il m'appelle tous les soirs pour détailler les cibles de l'OTAN, en suggérant de mettre un veto sur celles dont Chirac ne veut pas, comme les ponts de Belgrade, les ports de l'Adriatique ou les centrales électriques, en bref tout ce qui frapperait directement la population et ses approvisionnements.

Mes autres interlocuteurs au ministère sont Bernard Thorette, mon vieux camarade, chef du cabinet militaire d'Alain Richard, très impliqué dans les opérations, Marc de Brichambaut, le très raffiné directeur de la DAS, qui fut mon chef apprécié jusqu'en avril, et Dominique de Nayves, le directeur de cabinet. J'établis avec ce dernier des liens confiants fondés sur une grande franchise réciproque.

La relation avec Matignon est sereine, dans mon domaine, quand je prends mes fonctions. Delaunay y a veillé en appliquant les consignes de Chirac : la Défense ne doit pas devenir un enjeu de la cohabitation. Cela ne signifie pas qu'on ne ferraillera pas à l'occasion, sur le budget notamment, mais il n'y aura pas de conflit ouvert si on peut l'éviter.

La Défense n'est pas une priorité pour Lionel Jospin, mais il ne néglige rien et n'ignore pas que tout faux pas sera exploité dans le duel singulier qui oppose les deux têtes de l'État. Pour l'heure, il a choisi de laisser la main au Président sur la gestion du conflit du Kosovo dont il approuve les objectifs. Louis Gautier, son conseiller Défense, n'en exerce pas moins un contrôle tatillon sur la mise en œuvre des décisions prises en conseil restreint, au nom d'une conception étroite ou rigoureuse du principe républicain *cedant arma togae*. Spécialiste incontesté des guerres de François Mitterrand, ce quadragénaire autoritaire et souriant, membre de la Cour des comptes, témoigne d'une indiscutable hauteur de vues servie par une vaste culture et un esprit de synthèse affirmé. Notre entente, réelle car fondée sur une conception partagée de l'intérêt national, n'en est pas moins prudente et même cachottière quand la politique s'en mêle. Gautier « coiffe » le cabinet militaire dirigé par le vice-amiral Dumontet. J'aurai le souci constant de le maintenir dans la boucle et de ne pas faire cavalier seul avec le conseiller Défense. Deux raisons m'y poussent : en premier lieu, je suis attaché au fonctionnement régulier des institutions qui est la base de l'État de droit, et d'autant plus quand il s'agit d'organismes militaires en milieu politique, souvent suspects ou négligés ; surtout, l'amiral Dumontet est un officier très compétent et profondément estimable avec lequel je noue des relations amicales. Notre trio fonctionne bien en cette année 1999, loin des échéances présidentielles, et s'appuie sur les travaux exhaustifs de Jean-Claude Mallet, le secrétaire général de la Défense nationale, dont je connais l'ambition avouée, l'exceptionnelle puissance de travail et la condescendance pour les militaires, mais aussi la face cachée, profondément humaine et hautement spirituelle. Par Matignon, j'ai même accès à des informations qu'on me dispute parfois dans le patchwork élyséen.

21

Déclic

L'Entente cordiale, scellée entre la France et l'Angleterre en 1904, est à son zénith en cette fin de siècle. Rompant sans le dire avec la politique conduite par ses deux prédécesseurs, Chirac a renoué des liens étroits avec la « perfide Albion », délaissant quelque peu le « couple franco-allemand », moteur officiel de la construction européenne. C'est affaire de circonstances autant que de convictions. La crise des Balkans appelle un engagement militaire résolu auquel le Bundestag répugne pour des raisons historiques, alors que les Britanniques partagent notre vision du monde et nos responsabilités de membre permanent du Conseil de sécurité. L'arrivée au pouvoir de Tony Blair, francophile et Européen convaincu, a permis l'étonnante percée de Saint-Malo, en décembre 1998, établissant les bases de ce qu'on appelle l'« Europe de la défense* ».

* L'Europe de la défense naît d'une initiative de Tony Blair endossée avec enthousiasme par Jacques Chirac et Lionel Jospin. L'accord de Saint-Malo, signé en décembre 1998 par la France et le Royaume-Uni, vise à doter l'Union européenne d'une capacité à agir militairement pour défendre ses intérêts matériels et moraux. Le projet, adopté par l'UE au sommet de Cologne six mois plus

L'Allemagne a suivi, bien sûr, mais il y a quelque chose de cassé avec Helmut Kohl depuis l'annonce surprise de la professionnalisation de nos armées. Entre Chirac et Blair, les relations sont chaleureuses et même franchement amicales. Leurs entretiens se font dans les deux langues, sans traducteur, chacun s'exprimant dans la sienne. Lors d'un sommet franco-britannique au 10 Downing Street, Lionel Jospin ronge son frein pendant une demi-heure pendant que Jacques Chirac s'attarde à l'étage avec la famille du Premier ministre britannique. Tony Blair accepte de bonne grâce les conseils paternels que lui prodigue généreusement son aîné et, pour sa part, le président français ne déteste pas la fougue et l'idéalisme de son jeune homologue. Cette belle histoire n'aura qu'un temps.

Je suis dans son bureau, ce jour de mai, quand on lui annonce un appel de Londres. Il me fait signe de m'asseoir et branche le haut-parleur. Blair, d'une voix excitée, proche de l'hystérie, plaide pour une vaste offensive terrestre au Kosovo. « On n'y arrivera jamais. Milošević se moque de nous. Il faut déployer plusieurs corps d'armée et envahir la Serbie. » Chirac me regarde en levant les yeux au ciel et tente de le calmer : « Tony, il faut être patient, laisser le temps à Milošević pour qu'il comprenne qu'il n'y a pas d'échappatoire. » Comme son interlocuteur insiste, le ton monte et le

---

tard, permet la mise en place de structures d'analyse et de décision politiques, diplomatiques et militaires qui sont opérationnelles à partir de 2003. Le développement de l'Europe de la défense, bien que freiné par l'opposition des États-Unis, qui y voient un risque d'affaiblissement de l'OTAN, a permis le lancement de près d'une dizaine d'opérations entre 2003 et 2020. Le traité de Lisbonne précise toutefois que la défense collective du territoire européen relève exclusivement de l'OTAN, ce qui en limite l'ambition.

Président s'agace : « Déployer des troupes à la frontière du Kosovo serait le meilleur moyen de souder le peuple serbe contre l'agresseur. Si nous mettons les pieds en Serbie, ils défendront leur territoire avec l'énergie du désespoir. D'autres, avant nous, ont sous-estimé à leurs dépens l'armée serbe. Ce sera une guerre sanglante et il y aura des dizaines de milliers de victimes… » Après avoir raccroché, Chirac lâche : « Il perd la tête. Il faut que j'en parle à Clinton. »

Cette première manifestation du messianisme de Blair, qui le conduira plus tard à s'engager dans le « camp du Bien » aux côtés de George Bush, ouvre une fissure dans la toute fraîche alliance franco-britannique, déjà fragilisée par les réticences de l'administration insulaire à mettre en œuvre les accords de Saint-Malo. Jusqu'à la capitulation de Milošević, le Premier ministre plaidera en vain pour une offensive terrestre que lui refusent courtoisement ses homologues français et américain.

À Paris, les conseils restreints s'institutionnalisent. Comme au temps de la cohabitation entre Mitterrand et Balladur, ils sont précédés, le mardi soir, par un comité restreint présidé par Lionel Jospin, auquel je suis convié avec Jean-David Lévitte, puis avec son successeur, Jean-Marc de La Sablière. En lieu et place d'une courte note de synthèse, les participants sont désormais gratifiés d'un dossier de cent pages élaboré sous l'autorité de Jean-Claude Mallet. Je remarque que celui du Premier ministre est couvert d'annotations à l'encre rouge.

Le contraste est frappant entre les deux réunions. Le comité est avant tout une réunion politique où Jospin s'attache à recueillir l'avis de ses ministres, ne donnant la parole au général Kelche que pour un complément d'information. De même évite-t-il de m'interroger, préférant s'adresser à Lévitte pour connaître le point de vue du Président. On aurait tort pourtant de voir une forme d'ostracisme ou de mépris à l'encontre des militaires là où il n'y a qu'une gêne réelle à les impliquer dans un jeu dont leur neutralité les exclut. Le conseil restreint, en revanche, est d'abord une instance opérationnelle. Conscient des implications et des risques associés aux décisions qu'il doit prendre, Chirac s'attache à les définir clairement et précisément ; aussi ces réunions débouchent-elles inexorablement sur un dialogue approfondi entre le chef des armées et le CEMA...

Le Kosovo restera longtemps à l'ordre du jour des conseils restreints, l'occupation du territoire par les alliés succédant à la campagne aérienne. En effet, le 3 juin 1999, le président Milošević a accepté le plan de paix imposé par l'OTAN et, huit jours plus tard, le Conseil de sécurité de l'ONU a décidé le déploiement d'une force de l'Alliance sur le territoire kosovar. Une brigade française occupe le secteur nord-est de Mitrovica où demeure une forte minorité serbe. Dès les premiers jours, les tensions intercommunautaires y sont très fortes. Victimes, avant cette guerre, d'une épuration ethnique, les albanophones n'hésitent pas à la pratiquer à leur tour à l'encontre des minorités serbes résidant encore dans cette province historique de la Serbie. Les conséquences de cette aventure inspirée par l'indignation et le devoir d'ingérence humanitaire sont difficiles à apprécier dans l'euphorie de la victoire, mais les ennuis commencent. Du moins, Kelche et moi avons pu y roder notre duo.

Avec Lévitte, mes relations sont sereines. Son pragmatisme et son professionnalisme comptent davantage pour moi que les irritations passagères que suscitent encore les initiatives solitaires de Thierry Dana. Un soir de novembre, Jean-David déboule dans mon bureau : « Viens avec moi, on va voir le Président. Il a des états d'âme sur la défense européenne. Hubert Védrine lui a fait part de ses doutes sur notre projet et il se pose des questions. Il faut le convaincre de ne pas lâcher. » Chirac nous reçoit, l'air sombre et préoccupé. Nous plaidons à tour de rôle et tentons de répondre à ses objections. Il est sensible aux arguments pratiques, « alternative à l'OTAN, leadership français, pas d'abandon de souveraineté… ». Nous ne saurons que deux jours plus tard que nous avons, pour un temps au moins, levé ses réticences.

Depuis le mois de février, se tiennent au PC Jupiter des conseils très restreints consacrés à la révision de notre concept de dissuasion et à l'adaptation des moyens nucléaires qui lui sont consacrés. Ce dossier est prioritaire pour le chef de l'état-major particulier, qui a un rôle spécifique dans ce domaine, et je m'y suis investi totalement à mon arrivée. Ces réunions trimestrielles m'ont rapproché du Président, car je suis son seul collaborateur sur ces dossiers et il se sait dépendant de mes informations et de mes suggestions. J'ai perçu son inquiétude avant la première réunion, mais je le sens désormais confiant à mon endroit.

Le vrai déclic intervient en fin d'année, de manière impromptue. Une nouvelle fois, l'Afrique francophone se rappelle à notre attention et les circonstances me placent en première ligne.

La situation est calme, pourtant, en ce mois de décembre 1999, au point que je décide de passer à Marrakech, avec ma femme, la semaine qui précède Noël. Quand j'en informe Chirac, il approuve mon choix et me demande si je vais à La Mamounia, le palace historique et renommé des lieux. Ma réponse négative (c'est au-dessus de mes moyens, mais je ne le dis pas) reçoit son approbation : « Vous avez raison, La Mamounia n'est plus ce qu'elle était ! »

La veille de Noël, avant d'embarquer pour le vol retour, j'apprends qu'un coup d'État se développe en Côte d'Ivoire. « Tu rentres juste à temps », commente ma femme.

De Roissy, je file directement à l'Élysée, où Henry Clément-Bollée, avec le calme et la précision qui lui sont coutumiers, me met au courant. Le général Gueï, un ancien chef d'état-major, tente de s'emparer du pouvoir à Abidjan en s'appuyant sur l'armée. Les partisans du président Bédié résistent plus ou moins. La situation est confuse et nos forces stationnées à Port-Bouët, dans le sud de la capitale, sont actuellement consignées. Une cellule de crise va être activée au Quai d'Orsay. Le Président, en vacances dans le Sud marocain, vient d'être informé. Je m'enquiers de Michel Dupuch et j'apprends qu'il prend ses congés dans le Pays basque et n'a pas encore décidé de son retour éventuel à Paris. Son adjoint, Bernard Diguet, que j'aime bien, est le seul membre de la cellule Afrique présent à l'Élysée.

Je le convaincs de m'accompagner au Quai, ce qui ne va pas de soi pour un fonctionnaire de la Banque de France peu préparé à affronter ce genre de situations. Notre entrée dans la grande salle consacrée aux cellules de crise, qui m'est depuis longtemps familière, ne passe pas inaperçue : les acteurs sont dans l'arène et le gouvernement semble prêt à croiser le fer avec le Président. L'enjeu, emblématique depuis la mort de François Mitterrand, de la fracture entre gauche et droite, est la politique africaine de la France sur laquelle Jospin a tenu à se démarquer des pratiques traditionnelles par un slogan qui se veut novateur, « Ni ingérence, ni indifférence ». En l'occurrence, Matignon est fermement disposé à s'opposer à l'engagement du bataillon français d'Abidjan pour contrer le coup d'État et restaurer l'autorité du président élu.

La cellule de crise reste activée pendant trois jours, coupés de brèves interruptions. Entre deux points de situation, on discute pied à pied des dispositions à prendre pour la sécurité de nos ressortissants, des messages à faire passer aux belligérants et aux chefs d'État de la région et, indirectement, des capacités d'action de nos forces prépositionnées. Dès le premier soir, je décide d'appeler Chirac dans sa retraite du désert marocain et lui expose la situation et la position du gouvernement. Dupuch, isolé par la tempête dans son fief du Sud-Ouest et mal informé, l'adjure de lancer nos troupes à l'assaut des rebelles qui ont pris le contrôle d'Abidjan, sa dévotion pour Bédié l'emportant sur le bon sens dont il se prévaut. Au fil des heures, après une quinzaine d'échanges téléphoniques, je convaincs le Président d'y renoncer définitivement. Il exigera seulement que l'ex-président soit exfiltré vers Port-Bouët et évacué vers la France. Je comprends à demi-mot que cette décision le soulage. Il n'a jamais été interventionniste et garde un mauvais souvenir de l'expérience centrafricaine de 1996 et 1997. Il n'est d'ailleurs pas surpris de l'indifférence de la population ivoirienne au sort de celui qui fut un dirigeant médiocre et l'inventeur du concept xénophobe d'« ivoirité* ». La mise hors jeu involontaire de Michel Dupuch le libère de pressions importunes. Frustré d'un duel homérique qui lui eût valu la faveur de l'opinion publique, le gouvernement s'évertue à lancer une malencontreuse campagne de presse pour célébrer la « victoire » du Premier ministre et Stephen Smith se fend, dans *Le Monde*, d'un article pour une fois mal inspiré qui n'a pas d'écho. Le Président l'ignore, car il a pour règle de ne jamais lire la presse écrite, ce qui lui évite d'inutiles coups de sang.

Quand je le rencontre à son retour du Maroc, il m'accueille avec une chaleur inusitée et m'inclut dans le petit groupe qui prépare autour de lui son message annuel de vœux aux Français. La crise ivoirienne, vécue en commun dans une grande complicité, a levé ses dernières préventions à mon égard. Sa confiance m'est définitivement acquise et je l'expérimente, un mois plus tard, quand il accepte, contre l'avis unanime de la cellule diplomatique, ma proposition de recevoir et décorer le général Clark, « commandant suprême » des forces de l'OTAN, sous les ordres duquel nous sommes intervenus au Kosovo. « Comme ça, me dit-il, il nous critiquera moins pour notre gestion tatillonne des

* Le concept d'« ivoirité » consiste à donner la priorité en toutes circonstances aux Ivoiriens « de souche », pour tenir à l'écart des responsabilités politiques ou administratives les immigrés récents ou les descendants de migrants venus du Burkina-Faso ou du Mali, soit plus d'1,5 million de personnes. Dirigée en particulier contre Alassane Ouattara, ancien Premier ministre d'Houphouët-Boigny, cette politique crée de fortes tensions interethniques, notamment au sein des armées.

cibles serbes. » Il m'aura fallu huit mois pour conquérir auprès de lui la place qu'avait l'amiral Delaunay. Ce n'est pas un exploit et je me sais, plus que jamais, obligé par cette créance.

Dans l'immédiat, je m'emploie à égayer l'antichambre de l'état-major particulier. Mme Chirac ayant décidé que les salons du Palais seraient ornés en permanence de bouquets somptueux, j'obtiens sans peine de l'intendant que la mesure soit étendue au 14, rue de l'Élysée. Ayant par ailleurs remarqué, égarée à l'entrée sud du PC Jupiter, une grande « marine » élégante du XVIIIe siècle évoquant une modeste victoire navale de la flotte française face aux Anglais devant Gibraltar, je la fais suspendre au mur du fond où elle prend tout son éclat. Chaque matin, en arrivant, je m'attarde quelques minutes dans ce salon ressuscité où la gloire des armes se reflète et s'humanise dans les teintes chatoyantes des fleurs de Bernadette Chirac.

22

Entretiens du lundi

Une fois par semaine, le Président reçoit en tête à tête le ministre de la Défense et le ministre des Affaires étrangères. Cette pratique, inaugurée par François Mitterrand, lui permet d'affirmer son autorité dans le « domaine réservé » du chef de l'État.

L'entretien avec Alain Richard est programmé le lundi après-midi. Je dresse donc avec Dominique de Nayves la liste des sujets qui seront abordés et je rédige, le samedi matin, des éléments de langage pour le Président. Le rituel est immuable : j'accueille le ministre au pied du perron de l'Élysée et l'escorte jusqu'au bureau du Président. Nous n'attendons pas, car Jacques Chirac se contraint à une rigoureuse ponctualité, une forme extrême de courtoisie à ce niveau de l'État. Il me remercie et me prie de bien vouloir raccompagner son hôte après leur entretien. Je reviens une heure plus tard et le Président conclut immuablement leurs échanges ainsi : « Mon général, le ministre vous informera du contenu de nos discussions. » J'embarque avec Alain Richard dans sa voiture et, pendant le trajet, il détaille et commente les thèmes abordés entre eux. Le plus souvent, il me garde quelques instants dans son bureau de l'hôtel de Brienne pour revenir sur leurs points de désaccord, s'efforçant de me convaincre de son point de vue.

Ce débriefing par la « partie adverse » me laisse pantois quand je comprends que Chirac n'a aucunement l'intention de m'informer sur leurs échanges, mais je découvre vite l'intérêt de cette étrange procédure. Réflexion faite, François Mitterrand ne faisait pas autrement quand il recevait François Léotard. Dans le domaine très balisé de la Défense, les responsabilités sont faciles à établir. Par chance, l'honnêteté foncière d'Alain Richard et sa rigueur intellectuelle me permettent d'apprécier la portée réelle de leurs accords et de leurs divergences mieux que ne l'aurait fait un résumé hâtif du Président, toujours impatient de passer au sujet suivant.

Rien ne prédisposait ce sénateur, conseiller d'État, aux fonctions de ministre de la Défense. Sa connaissance rare des enjeux électoraux et sa sensibilité rocardienne l'avaient rendu incontournable au parti socialiste, mais on ne l'imaginait pas à Brienne, sa défiance à l'encontre des armées étant bien connue. Il gardait de son service militaire un souvenir exécrable qui avait renforcé ses préventions politiques vis-à-vis d'un milieu qu'il pensait corrompu par une idéologie d'extrême droite. Son sens de l'État et son ambition l'avaient toutefois convaincu d'accepter ce poste où son travail et son intelligence aiguë lui ont permis de s'imposer. Cet homme froid et sévère n'est guère populaire dans les popotes, mais il sait susciter l'adhésion autour de lui et sa parfaite connaissance des dossiers impressionne. Il lui arrive parfois de jeter le masque quand nos entretiens se prolongent dans son bureau et je découvre un homme sensible, avant tout préoccupé de sa famille et de l'idée qu'il se fait de ses responsabilités.

Notre dialogue est consacré, pour l'essentiel, aux thèmes d'actualité, mais des sujets plus ésotériques ou plus personnels enflamment parfois nos échanges.

Un des premiers dossiers transmis par son cabinet que je dois présenter au Président concerne la demande de révocation d'un officier ayant refusé de rejoindre sa nouvelle affectation. La sanction demandée par le ministre est très sévère car elle s'accompagne de la perte de tout droit à pension, et d'ailleurs seul le chef de l'État peut la décider. En poste depuis moins d'une semaine, je connais mal cette procédure et ne peux prendre le risque de m'opposer au ministre. Le Président signe donc le renvoi de cet officier, dont j'apprends, peu après, qu'il est le neveu de Dominique de Nayves. Ce dernier ne me cache pas son émotion, car l'intéressé se retrouve à la rue avec sa femme et ses quatre enfants, sans ressources après vingt ans de service. Aussi, un mois plus tard, quand je reçois une nouvelle demande de révocation concernant deux autres officiers, suspectés de détournement de fonds, je demande au commissaire Lefranc, mon brillant et fougueux juriste, une étude sur le sujet. En épluchant les archives de l'EMP, il s'aperçoit que François Mitterrand avait pour règle de refuser les révocations tant que la justice n'avait pas condamné les officiers mis en cause. Je propose donc à Jacques Chirac d'adopter la même ligne de conduite, que j'intitule « jurisprudence Mitterrand ». Le Président acquiesce aussitôt et l'annonce à Alain Richard. Ce dernier s'en émeut, comme ministre et comme juriste. Il m'explique longuement que des sanctions sévères sont indispensables, les militaires, détenteurs de la force, devant être plus irréprochables que les autres citoyens. Il conteste par ailleurs l'attente d'une décision de justice, car la révocation s'ajoutant à une condamnation revient à une double peine, inacceptable en droit. Je tiens bon, en soulignant que Mitterrand a fait ce choix pour donner aux officiers toutes les garanties d'une enquête impartiale et complète. De toute façon, Chirac n'en démordra pas, ravi de pouvoir s'appuyer sur le jugement et l'expérience de son prédécesseur socialiste.

Il tiendra bon quand le ministre lui demandera, un an plus tard, la révocation des gendarmes impliqués dans l'« affaire des paillotes ». Ces derniers, agissant sur ordre de leur préfet, ont mis le feu, de nuit et clandestinement, en avril 1999, à des cabanons illégalement construits sur le domaine public. Leur maladresse leur a valu d'être identifiés et poursuivis par la justice. Ils ont obtenu d'être défendus devant le conseil d'enquête par Michel Charasse, dont je transmets au Président l'ébouriffante plaidoirie, un chef-d'œuvre d'humour et d'humanisme.

Le conflit qui oppose en 2000 Alain Richard au nonce apostolique manque de tourner mal en dépit de la mise en garde de Jacques Chirac. Quand monseigneur Le Gall est nommé par le pape évêque aux armées, le ministre, mal informé par son entourage, refuse de signer son accréditation. Il redoute en effet que le nouveau chef de l'aumônerie catholique, qu'on lui dit proche des traditionalistes radicaux, renforce le courant « identitaire » présent dans certains milieux militaires.

Le Président connaît bien l'évêque de Tulle et récuse l'étiquette d'intégriste qu'on lui accole. Le sujet est abordé devant moi, à l'issue d'un de leurs entretiens. Au ministre exposant les raisons de son refus, Chirac répond sagement : « Vous avez tort, monsieur le ministre, on ne gagne pas contre Rome et l'Église… Ils ont l'éternité pour eux. » Le conflit est tranché par le Premier ministre quelques semaines après, quand le nonce fait part de l'intention du Vatican de rompre ses relations diplomatiques avec la France en raison du refus du gouvernement d'entériner la nomination d'un évêque. Selon son entourage, Lionel Jospin réagit au quart de tour : « Alain, tu as cinq minutes pour signer l'accréditation de Le Gall et la transmettre à mon cabinet ! »

Le ministre, faisant profession d'athéisme, ne cache pas son irritation à l'égard du « catholicisme officiel » qui veut que beaucoup de manifestations publiques dans les armées s'accompagnent d'une messe. L'alliance du sabre et du goupillon, dénoncée par Clemenceau qui s'inquiétait de la loyauté des « généraux de la Jésuitière », ne l'avait pas empêché de choisir Foch et de maintenir Castelnau, mais il s'irrita jusqu'au bout des manifestations de dévotion dans les armées. Alain Richard s'inscrit dans cette tradition et lorsqu'il accompagne le Président aux cérémonies d'adieu à Éric Tabarly, grande figure de la marine, il refuse d'entrer dans l'église : « Je ne mets jamais les pieds dans un lieu de culte. J'attendrai dehors. » Chirac le prend par le bras : « Vous n'avez pas le choix. Personne ne comprendrait. » Le ministre se laisse faire et ne le regrette sans doute pas, car il accepte, depuis, quelques entorses à sa règle.

Éternel serpent de mer, la question des chevaux de l'École militaire ressurgit en 2001. Ces derniers, une centaine, y occupent depuis l'origine de belles écuries et un affreux manège convoités par les administrations de l'État. Ils permettent aux officiers stagiaires, plus de quatre cents dans ces lieux, de pratiquer l'équitation, sport militaire par excellence. Le club équestre est aussi ouvert aux familles et à quelques fonctionnaires ou membres de cabinets privilégiés. Dans l'entourage d'Alain Richard, certains en prennent ombrage et imaginent un usage plus rentable des locaux. Un de ses conseillers me dit un jour, sans rire : « Les chevaux sont de droite ! » Chirac, que j'en informe, interpelle le ministre : « Tant que je serai Président, on ne touchera pas aux chevaux de l'École militaire. Il n'y a plus d'animaux au centre de Paris et il n'est pas question qu'on éloigne ceux qui y sont ! »

La « révolte des gendarmes », en décembre 2001, et l'approche de l'élection présidentielle ont raison des liens, ténus mais réels, tissés entre les deux hommes au fil de leurs échanges. Le Président est scandalisé par le spectacle des gendarmes manifestant avec leurs armes pour exiger des conditions de travail semblables à celles des policiers et il s'agace des concessions faites par le ministre.

Enfin, et surtout, Alain Richard, interrogé à la radio dans la fièvre de la campagne présidentielle, décrit Chirac comme un « opportuniste sans convictions ». Le Président l'entend en direct et en est sincèrement affecté. « Vous annulerez mes rendez-vous avec le ministre jusqu'à la fin de mon mandat. » De fait, s'il est un domaine où Jacques Chirac a toujours manifesté des convictions profondes et une volonté ferme de réforme, c'est bien celui de la Défense et, plus largement, de la politique extérieure de la France.

23

Cérémonial

Sous les projecteurs puissants des médias, le président de la République vit en représentation permanente, à l'image du Roi-Soleil. Scrutés sans complaisance, ses propos et ses gestes sont analysés, commentés et immanquablement comparés à ceux de ses prédécesseurs. Or, s'il est vrai que « le style, c'est l'homme », Jacques Chirac parvient à conjuguer la dignité du Général à la bonhomie de Georges Pompidou et la réserve de François Mitterrand à la modernité de Valéry Giscard d'Estaing. Ce qu'il a en propre est une rare empathie à l'égard des petits, des sans-grade, une vraie capacité à s'émouvoir du malheur des autres qui se manifeste sans étalage au détour d'un voyage ou d'une manifestation publique. Cette bienveillance n'est pas incompatible avec la cruauté des combats politiques qui imprègne les hautes sphères de l'État. On ne la trouve guère chez les technocrates ou les idéologues, qui ont de leurs semblables une vision théorique, comptable ou symbolique, mais elle s'exprime plus ou moins librement chez ceux qui aiment la vie et donc les gens. Avec le talent provocateur qu'on lui connaît, Éric Zemmour a cru trouver la clef du

« mystère Chirac » : l'homme qui ne s'aimait pas. La perception aiguë qu'a le Président de ses propres limites ne traduit pas, selon moi, une telle infirmité. Elle est plutôt l'expression d'une intelligence inquiète confrontée aux exigences d'une ambition dévorante. On n'aime pas les autres si on ne s'aime pas soi-même. L'attention portée par le chef de l'État aux problèmes individuels des personnes qu'il croise est sans doute une manière de compenser, dans la vie quotidienne, les excès du combat politique auxquels il s'abandonne parfois quand l'enjeu transcende la règle. Pour le dire autrement, Chirac ne se montre impitoyable avec ses adversaires que si les circonstances l'exigent. Il n'y a chez lui aucune trace de sadisme, ce qui n'interdit pas une profonde méfiance naturelle et un fond plus dur qu'il n'y paraît sous des airs bonhommes.

Dans les cérémonies nationales, il habite la fonction de chef des armées, mais pas à la manière distante et impérieuse du général de Gaulle. L'ancien officier de cavalerie, imprégné du cérémonial militaire, droit, attentif et rigoureux, préside sans morgue ni désinvolture.

Le défilé du14 Juillet est pour lui un moment de détente avant l'épreuve du « grand oral » que constitue l'interview de midi par deux journalistes chevronnés. Depuis le début du mois, l'essentiel de son emploi du temps est consacré à la préparation de l'événement. Avant que les troupes ne s'ébranlent sur la grande avenue, il les passe en revue, accompagné, dans son command-car, par le chef d'état-major des armées. Avant 1996, c'était la place du gouverneur militaire de Paris, mais, au grand dam de ce dernier, Chirac a décidé d'honorer le « patron » direct des armées en le prenant à ses côtés dans cette circonstance solennelle.

En 2002, un militant d'extrême droite tente d'assassiner le Président pendant sa descente des Champs-Élysées. Chirac n'a rien remarqué et quand il l'apprend, à sa descente du command-car, il se contente d'une moue et d'un geste de la main, comme pour chasser une mouche importune. L'attentat ne l'émeut pas et il ne cherche pas à l'exploiter politiquement.

Pour les spectateurs innombrables de ce défilé de 2002, l'événement n'est pas la tentative d'assassinat du chef de l'État, qui leur a échappé, mais la présence des pompiers de New York, auréolés de leur combat titanesque pour sauver des vies dans les décombres des Twin Towers. Chirac m'a imposé leur présence que je contestais pour préserver le caractère militaire de la cérémonie. L'ovation de la foule aux héros américains me donne tort. Il est exceptionnel que le Président ne suive pas mon avis dans le domaine qui est le mien, mais, cette fois, je l'ai senti agacé et, en quittant le Salon vert, je l'ai entendu maugréer : « Les généraux sont toujours aussi bornés ! » J'ai eu le sentiment désagréable de réintégrer la case « militaires » de son classement mnémotechnique.

Le 14 juillet, après le défilé, les invités se pressent aux entrées du Palais pour la garden-party, une tradition établie depuis 1889*. Dans le parc se dressent une centaine de tentes sous lesquelles rivalisent les terroirs français en offrant aux 8 000 convives leurs meilleurs produits de table. Du temps de François Mitterrand, c'était un des grands rendez-vous mondains de l'année.

---

* La garden-party a été supprimée en 2010 par le président Sarkozy en raison de la crise économique, pour ne pas donner prise à des accusations de dépenses somptuaires au bénéfice de quelques privilégiés. Elle n'a pas été rétablie depuis.

On y croisait vedettes de cinéma, écrivains en vogue, hommes politiques et patrons d'industrie. À cette foule élégante, 200 militaires sortant du défilé ajoutaient une note pittoresque, un peu décalée. Dès 1995, Jacques Chirac, dont on sait le peu de goût pour les réunions de puissants, les « chapeaux à plume », a imposé la présence de 4 000 jeunes, choisis dans les lycées. Leur présence maladroite et décontractée change l'atmosphère des lieux. On cherche moins les célébrités, qui ne s'attardent pas. Mes enfants, qui m'accompagnent, déplorent que je leur aie imposé une tenue « habillée » quand leurs contemporains sont en jeans et baskets. Au total, cette initiative sympathique et un peu démagogique a un parfum d'inachevé. Les trois groupes d'invités, puissants, jeunes et militaires, se côtoient sans se rencontrer. En 2001, des trombes d'eau se déversent sur Paris, le parc est inondé et un ruisseau coule en son milieu. Nous pataugeons entre les tentes et nos tenues sont zébrées de traces de boue. Il faudra six mois aux jardiniers pour restaurer la pelouse et Mme Chirac ne décolère pas.

Le 11 Novembre et le 8 Mai donnent lieu à des cérémonies plus simples autour de l'Arc de triomphe. À leur issue, le chef de l'État serre longuement les mains des anciens combattants, tandis que le Premier ministre attend patiemment son retour, sur les rangs, avec le ministre de la Défense et les chefs militaires. L'entourage de Lionel Jospin y voit une forme de vexation et demande qu'il soit associé aux serrements de mains. Je dissuade Chirac de modifier le protocole. La responsabilité de chef des armées ne se partage pas. Cette fois, je n'ai pas de peine à le convaincre.

Contrairement à certains de mes prédécesseurs, je ne commente jamais la tenue des troupes rendant les honneurs. Une seule fois, le 18 juin au mont Valérien, je critique sévèrement l'attitude d'un porte-drapeau qui s'est contenté d'incliner légèrement son emblème au passage du Président. À quoi servent les répétitions ?

Jacques Chirac affectionne particulièrement les remises de décorations aux Invalides. C'est pour lui l'occasion de saluer les familles qui se pressent autour de lui, mais aussi d'échanger longuement avec les pensionnaires de l'institution, des survivants meurtris dans leur chair de nos guerres passées ou présentes. Les jours de grand froid, avant qu'il n'affronte le vent glacial qui s'engouffre dans la cour d'honneur, je l'incite à se couvrir d'un manteau, mais il refuse, par respect pour la troupe qui n'en porte pas. Dans la voiture qui nous emmène vers l'esplanade, il m'interroge sur la prononciation des noms de ceux qu'il doit décorer et sollicite mon avis sur les généraux qu'il va rencontrer. D'un d'entre eux, je lui dis qu'il est « très ambitieux ». Il lève un sourcil en me regardant du coin de l'œil : « L'ambition n'est pas un défaut, mon général. » Je m'en tire par une pirouette : « Non, monsieur le Président, quand on en a les moyens. »

Au fond de moi subsiste un doute. Dans les armées plus qu'ailleurs, la méritocratie est une règle d'or et les courtisans et autres intrigants sont jugés avec sévérité. Les calculs ne manquent pas, certes, surtout en fin de carrière, mais, comparés à leurs homologues de la fonction publique, les militaires sont des enfants de chœur. Le poison le plus pernicieux qu'on puisse leur inoculer serait de politiser leurs nominations. Or, cette tentation existe sous la forme insidieuse du « contrôle » par l'autorité civile des affectations et du tableau d'avancement. Au prétexte d'empêcher le mandarinat et l'autoreproduction des élites, on prend le risque de favoriser les jeux de cour et les affiliations partisanes. Alain Richard n'en veut pas, mais certains, à Matignon, prennent goût à ces jeux ambigus. Les nominations en sont retardées au point que Chirac s'en émeut auprès du Premier ministre. Tombant des nues, Lionel Jospin lui promet d'y mettre bon ordre. La tentation reviendra, n'en doutons pas.

La cour d'honneur des Invalides offre, depuis l'attentat du Drakkar en 1983*, son cadre majestueux à l'hommage rendu par la Nation à ses fils morts au combat pour la patrie. C'est aussi là que sont célébrés, avant leur inhumation, les mérites passés des dignitaires de la Légion d'honneur**.

Quand j'apprends au Président la mort accidentelle du général Méry, qui avait été chef d'état-major des armées de 1975 à 1980, il réagit vivement : « C'était un officier remarquable. Je l'ai bien connu quand j'étais Premier ministre. Je voudrais que vous me représentiez à la cérémonie officielle. » À l'entrée de l'église Saint-Louis-des-Invalides, je suis accueilli par le recteur qui m'informe de la présence de Valéry Giscard d'Estaing et comme nous montons lentement vers l'autel encadré de drapeaux tricolores, je remarque avec un brin de

* Le 23 octobre 1983, un attentat frappe le contingent français de la Force multilatérale de sécurité de Beyrouth (FMSB), provoquant la mort de 58 parachutistes. François Mitterrand se rend aussitôt sur place et décide qu'un hommage national leur sera rendu dans la cour des Invalides.

** Civils ou militaires, les dignitaires de la Légion d'honneur (grand-croix ou grands officiers) ont droit, avant de rejoindre leur dernière demeure, à des honneurs militaires.

mélancolie les rangs clairsemés avant de prendre place dans le fauteuil réservé au chef de l'État ou à son représentant. L'ancien président a eu l'élégance ou la sagesse de choisir un siège à côté de la veuve. Je m'inquiète pourtant de la cérémonie qui suit : dois-je lui céder le pas ou imposer la prééminence de celui qui m'envoie ? À la fin de la messe, il me salue avec chaleur et me dit avec simplicité : « Je suis ici en tant qu'ami de la famille. Ne tenez pas compte de ma présence. » Je prends soin néanmoins de ne pas le précéder à la sortie de l'église et nous marchons côte à côte dans la cour balayée par un vent glacial. Les honneurs sont rendus sans que quiconque prenne la parole. Le cercueil porté par six soldats s'engage enfin vers la sortie quand le miracle se produit. Mme Méry, mince silhouette fragile muette et sans larmes depuis le début, lève un bras et crie d'une voix forte : « Au revoir, Guy ! » Ce cri d'amour inattendu fait passer un frisson dans l'assemblée. La cérémonie froide et impersonnelle a retrouvé un sens au-delà des rites protocolaires.

À la mort du colonel Rol-Tanguy, en septembre 2002, Jacques Chirac rend un hommage vibrant, dans la cour d'honneur des Invalides, à celui qui fut un des principaux acteurs de la libération de Paris en 1944. Cette manifestation revêt un relief particulier car Rol-Tanguy fut une des grandes figures du parti communiste et autour de nous se pressent les caciques de la place du Colonel-Fabien. Le Président est très à l'aise, serrant les mains, glissant un mot de condoléances, embrassant affectueusement la veuve et les petits-enfants du héros du jour. Mme Rol-Tanguy l'interpelle d'une voix douce et ferme : « On peut compter sur vous ce soir à la mairie de Montreuil pour la veillée d'hommage ? » Chirac prend l'air navré et se tourne vers moi : « Je le regrette beaucoup, vous savez mon admiration pour le colonel Rol-Tanguy, mais j'ai un impératif incontournable. Le général Bentégeat, le chef de mon état-major particulier, me représentera. » Je tombe des nues, mais parviens à adresser un grand sourire à la veuve de l'ancien chef des FFI de l'Île-de-France. Quelques heures plus tard, je rends grâce au Président pour cette immersion inattendue dans les pompes et la culture du parti communiste qui m'étaient jusqu'à ce jour totalement étrangères. Au-delà de la personnalité attachante du résistant breton, ancien syndicaliste devenu chef de guerre et compagnon de la Libération, dont on célèbre bruyamment la mémoire sur fond de photographies projetées sur grand écran, je goûte les discours enflammés dont la rhétorique a le parfum suranné d'une épopée qui se sait déjà perdue et surtout les chants, *Le Temps des cerises* et *L'Internationale*, entonnés avec la ferveur des derniers croyants d'une Église moribonde. J'ai été accueilli avec chaleur et traité avec beaucoup d'égards. À la fin de la soirée, j'ai joint ma voix à la leur pour une *Marseillaise* vibrante, renouant ainsi sans le savoir avec le pacte gaullo-communiste de la Libération.

Le lendemain, Bertrand Landrieu, à qui je raconte ma soirée, m'explique en deux mots l'étonnante alliance scellée en 1943 au sein du Conseil national de la Résistance. Le Général, inquiet des velléités américaines d'imposer un « protectorat » à la France libérée et conscient de la puissance du parti communiste, a voulu s'assurer la paix sociale et créer les bases d'une union nationale pour écarter toute tentation d'entrisme de la part de nos libérateurs d'outre-Atlantique. Le programme du CNR, notamment les nationalisations, l'amnistie de Thorez à l'automne 1944 et l'entrée de cinq ministres communistes dans son gouvernement d'octobre 1945 ont concrétisé cette alliance scellée au sommet entre de Gaulle et Staline lors d'un voyage à Moscou qui fait l'objet de certaines des plus belles pages des *Mémoires de guerre*. Soixante ans après, il n'en reste rien, si ce n'est quelques vers d'Aragon et des moments de rare complicité dans les célébrations de la Résistance. Je comprends mieux toutefois la révérence obligée de l'élite intellectuelle française pour le programme du CNR, bible indépassable du compromis entre le gaullisme historique et le parti stalinien.

24

Antimissiles

Le Président me demande de présenter au Premier ministre les plans nucléaires. « Il est temps, me dit-il, qu'il en soit informé, car, si j'étais empêché pour des raisons sérieuses, il aurait la responsabilité de leur mise en œuvre éventuelle. » La raison de ce soudain intérêt de Chirac pour l'information de Jospin ne tient pas à une inquiétude sur son état de santé personnel, mais à la réflexion engagée sur le concept national de dissuasion. Le Président veut s'assurer du soutien du gouvernement à son projet de modernisation du pilier central de notre défense.

En m'accueillant dans son bureau, plus simple et plus modeste que celui de nombreux hauts fonctionnaires ou membres du gouvernement, le Premier ministre me demande pourquoi j'ai souhaité avoir cet entretien en tête à tête, alors qu'il eût été préférable que son conseiller Défense, voire son chef de cabinet militaire soient présents. Je lui explique que les plans nucléaires sont protégés par un très haut niveau de classification et que seuls y ont accès « ceux qui ont à en connaître », parmi lesquels ne figurent pas les membres de son cabinet. Mon exposé suscite de nombreuses questions précises et pertinentes de Lionel Jospin. En me raccompagnant, il me dit simplement : « Vous aviez raison. Moins nous sommes nombreux à avoir ces informations, mieux tout le monde se porte. » Comme tous les successeurs du Général, le Premier ministre vient de prendre conscience de la formidable puissance militaire dont s'est dotée la France, fût-elle destinée à ne jamais être employée.

Le groupe de réflexion sur notre doctrine a été créé par le Président en janvier 1999 à l'initiative de l'amiral Delaunay et de Louis Gautier, le conseiller Défense de Matignon. Le chef de l'État est préoccupé par les projets américains de défense antimissiles, présentés par leurs promoteurs comme la seule réponse appropriée à la prolifération des armes de destruction massive. L'argument est spécieux, comme Chirac l'a souligné auprès de Colin Powell, le ministre des Affaires étrangères de George W. Bush, car, « dans la lutte séculaire entre l'épée et le bouclier, l'épée a toujours eu le dernier mot », mais le discours de Washington séduit les opinions hostiles au nucléaire et affecte la crédibilité de notre dissuasion. Or celle-ci demeure le socle de l'indépendance stratégique de la France.

Ce basculement radical des conceptions américaines trouve son origine dans la course aux armements engagée par quelques puissances régionales. L'Inde et le Pakistan se sont dotés, depuis 1998, d'armes nucléaires, alors que l'Iran et la Corée du Nord poursuivent des programmes clandestins et sont déjà en mesure d'équiper d'armes chimiques leurs missiles à moyenne portée. Pour contrer cette menace potentielle, les États-Unis ont choisi de développer un programme scientifiquement plus réaliste que la « guerre des étoiles » de Reagan. Si la France veut sauvegarder sa dissuasion nucléaire, cette dernière doit s'imposer de manière crédible à des agresseurs éventuels qui ne seraient plus les grandes puissances traditionnelles. Notre concept et nos moyens doivent donc être adaptés.

Jean-Claude Mallet, Louis Gautier, Marc de Brichambaut et moi-même présentons l'état de nos travaux au conseil très restreint qui se réunit tous les trimestres au PC Jupiter. Nous avons vite compris que la menace de destruction totale d'une puissance régionale visant nos intérêts vitaux serait inopérante, car excessive et susceptible d'affecter les pays voisins. La France devra donc être en mesure de détruire les centres de pouvoir de l'agresseur, talon d'Achille des dictateurs de tout poil, tout en limitant le nombre des victimes dans la population. Il s'agit là d'une rupture majeure avec la doctrine apocalyptique anti-cités qui a prévalu jusqu'ici et les discussions sont parfois tendues. Les tenants de l'orthodoxie craignent qu'en dotant les forces nucléaires d'armes moins puissantes et plus précises, on suscite la tentation de les utiliser alors même que la survie de la Nation ne serait pas en cause. L'argument est pris en compte dans la définition des nouvelles armes, mais Chirac balaye les objections de ceux qui se réclament de la « doctrine Mitterrand », en démontrant, relevés de décisions en main, que l'ancien président savait s'affranchir de ses principes quand le pragmatisme l'emportait chez lui sur la rhétorique.

En janvier 2001, le Président approuve le nouveau concept de dissuasion, en plein accord avec le Premier ministre, et décide des mesures à adopter pour le rendre opérant. Il reste à le rendre public, étape essentielle pour établir sa crédibilité auprès d'agresseurs potentiels. Le Président décide de l'annoncer le 8 juin, devant l'Institut des hautes études de Défense nationale (IHEDN), lieu de rencontre privilégié des élites civiles et militaires. Dans le climat délétère d'une cohabitation qui s'envenime, son discours passe presque inaperçu. Matignon s'est employé avec succès à en minimiser la portée auprès des médias qui lui sont largement acquis. La tâche, il est vrai, lui a été facilitée par la décision d'en faire un exposé général sur la politique extérieure, noyant dans ses méandres l'évolution radicale de notre approche de la dissuasion. Il y a, autour de Chirac, depuis la reprise mouvementée des essais en 1995, une réticence marquée à l'égard de toute prise de parole sur le nucléaire. Il faudra attendre janvier 2006, à l'île Longue, pour que le Président se fasse entendre sur ce sujet essentiel pour la sécurité des Français.

Peu de temps avant ce premier discours, j'ai un échange avec Paul Wolfowitz, un proche du président Bush, secrétaire adjoint à la Défense, venu « vendre » au Quai d'Orsay la défense antimissiles. Comme je lui objecte le coût colossal et l'impossible étanchéité absolue du bouclier américain, le numéro deux du Pentagone me lance ironiquement : « Si l'Iran décide d'envoyer un missile à tête chimique ou nucléaire sur Paris, croyez-vous vraiment que la menace de vitrifier ce pays soit crédible et puisse l'en dissuader ? » « Nous n'envisageons en aucun cas de vitrifier le territoire d'un agresseur de cette nature. Si un dictateur iranien ou autre menace nos intérêts vitaux, il s'expose à voir détruits tous ses centres de pouvoir, politiques, militaires ou économiques. » Wolfowitz sourit et réagit : « Et toute sa population y passera ? » « Précisément, non. Nos armes seront adaptées pour limiter leurs effets potentiels à l'environnement immédiat des cibles. En tout état de cause, notre détermination à protéger nos intérêts vitaux serait d'abord affichée par un tir d'ultime avertissement à moindres frais. » Le théoricien de la défense antimissiles hoche la tête : « Typiquement français ! Mais ça peut marcher… »

25

Un poète aux affaires

Dominique de Villepin a en commun avec François Mitterrand d'être un personnage de roman égaré dans la vie politique. L'ancien président aurait eu sa place dans *La Comédie humaine*, alors que Cervantès vient spontanément à l'esprit quand on évoque le longiligne secrétaire général de l'Élysée. Il serait pourtant malvenu d'enfermer cette personnalité complexe et attachante dans le rôle surfait de pourfendeur de moulins à vent, même s'il n'y répugne pas à l'occasion. Cet amoureux stendhalien de Napoléon est capable, quand il le veut, d'un pragmatisme efficace qui confond ses adversaires. Le romantique peut être très pratique.

Son accueil, à mon retour à l'Élysée, a été cordial, mais distant. Je n'aurai pas avec lui les relations directes et amicales qu'il a entretenues avec Delaunay. Comme d'autres conseillers, il a peine à se défaire de l'image de l'adjoint que j'ai été et, inconsciemment, ne m'octroie pas tout à fait le statut auquel j'ai accédé. Mes relations avec son père, Xavier de Villepin, le très estimé président de la commission des Affaires étrangères et des forces armées du Sénat, sont plus chaleureuses et plus confiantes.

Chaque matin, le secrétaire général réunit le cabinet du Président dans le bureau classique et élégant qu'occupait Hubert Védrine. On s'y tient debout, face à lui, comme Beuve-Méry l'imposait à la conférence de rédaction du journal *Le Monde*. Seul Jérôme Monod, excipant de son âge et de son passé, exige d'être assis et siège royalement à son côté dans un large fauteuil Louis XV. D'un regard, Villepin donne la parole à chacun, sans ordre protocolaire. Ici et là, il commente brièvement, tranchant à coups de serpe sans ouvrir le débat et traquant inlassablement les « connards » qui nous cernent. Son humour est décapant. D'un diplomate, il me dit un jour : « C'est le roi des faux-culs. Quand on le croise dans un escalier, on ne sait jamais s'il monte ou s'il descend ! » À l'issue du tour d'horizon, il conclut en quelques phrases enflammées, invitant chacun à s'armer de courage pour affronter la tempête qui se lève.

Ses relations avec le Président gardent une part de leur mystère. Nul ne peut douter de l'affection amusée et tolérante que lui voue le chef de l'État. Chirac apprécie sa fougue et se nourrit de sa passion, puisant dans son énergie flamboyante le souffle qui lui permet de surmonter les doutes assaillant parfois un Sisyphe qui pousse son rocher depuis trop longtemps. Villepin, pour sa part, se montre volontiers désinvolte, prompt à discuter les consignes de son mentor, cédant de mauvaise grâce. Sa loyauté et son attachement au Président ne prêtent pas à discussion, mais il répugne à être traité en collaborateur quand il se veut inspirateur. « Je gère le cerveau du Président », lâche-t-il un jour.

Dans les réunions de cabinet ou les séances de relecture, il siège en face de Chirac et ne prend la parole que lorsque celui-ci le sollicite. Après un léger flottement, car il suit les échanges d'une oreille distraite, il stigmatise la médiocrité des débats et suggère, avec une aisance confondante, des pistes et des orientations parfois chimériques, souvent inspirées, toujours fulgurantes. Je l'observe avec curiosité quand le débat s'enlise et je le vois jeter des notes sur une feuille blanche, un poème parfois ou un chapitre de son livre sur les Cent-Jours.

Le secrétaire général ne cherche pas à coordonner les travaux du cabinet, le Président y veillant personnellement. Il vise, parfois sans les lire, les notes adressées au chef de l'État par les conseillers, sans commentaires écrits, du moins sur celles de l'EMP. Il assure la liaison avec Matignon, mais nous ne savons rien de ses relations courtoises avec Olivier Schrameck. Il a de nombreux contacts politiques, mais ne cache pas son peu d'estime pour beaucoup d'élus, leur préférant la compagnie des journalistes ou des intellectuels. Sa principale occupation semble être la gestion des « affaires », cette nébuleuse menaçante qui a empoisonné les dernières années de Mitterrand et qui semble rôder autour des présidents de la Ve République depuis le départ du Général. Il y a, bien sûr, le spectre des « emplois fictifs de la Mairie de Paris », mais Villepin veille aussi étroitement sur les activités des services de renseignements et les négociations discrètes conduites lors des prises d'otages.

En période de cohabitation, la DGSE, prenant ses ordres à l'Élysée et à Matignon, dispose d'une large autonomie. Or Chirac, depuis l'affaire Ben Barka, professe une grande méfiance à l'égard des services. En février 2000, en accord avec Jospin, il nomme Jean-Claude Cousseran à leur tête. Subtil diplomate arabisant et haut fonctionnaire irréprochable, ce dernier aura pour adjoint le général Champtiaux, un de mes vieux camarades auquel je transmets les consignes du Président : « Veiller à ce qu'il n'y ait aucune irrégularité dans le fonctionnement de la maison et en rendre compte, s'il y a lieu, au chef de l'EMP. » Pourtant, quand survient l'« affaire du juge Flam », c'est par l'extérieur que je l'apprends. Le général Rondot, personnage mythique du renseignement, un petit homme irascible d'apparence inoffensive, me rend visite régulièrement pour évoquer la chasse aux criminels de guerre de l'ex-Yougoslavie dont il a la responsabilité. Officiellement coordinateur des services de renseignements au ministère de la Défense, il est resté un agent de terrain dans l'âme et disparaît souvent pendant une ou deux semaines pour des aventures rocambolesques dont il me conte le détail, authentique ou rêvé. Son premier interlocuteur au Palais est Dominique de Villepin, auquel l'unissent des liens d'amitié depuis leur passage commun au Centre d'analyse et de prévision du Quai d'Orsay, sous la houlette de Jean-Louis Gergorin, mais il met un point d'honneur à me tenir informé de ses entretiens avec le secrétaire général. Dans le cas présent, il a appris de la bouche d'un officier mécontent de son sort et prêt à le contester en justice qu'un fonctionnaire de la DGSE, le juge Flam (la maison recrute dans toutes les catégories), avait lancé une enquête sur un possible compte en banque non déclaré de Jacques Chirac au Japon. J'appelle aussitôt le général Champtiaux, qui, après quelques investigations, se veut rassurant : « Une tempête dans un verre d'eau, une simple vérification d'informations reçues... » Le lendemain, je fais le point avec le Président et Villepin. Rondot maintient qu'une véritable enquête a été lancée par une unité de la DGSE sans qu'aucun d'entre nous n'ait été informé. Chirac jure qu'il n'a jamais ouvert un compte au Japon et s'indigne qu'un service de renseignements décide une investigation sur les finances personnelles du président de la République. Il s'interroge sur le rôle de Matignon dans cette affaire et décide d'en parler au Premier ministre. Jean-Claude Cousseran, que je rencontre le lendemain, réagit comme Champtiaux, minimisant l'initiative du juge Flam, sous-estimant la colère du Président et l'importance symbolique d'une enquête diligentée à l'encontre du chef de l'État. Cette malheureuse histoire, qu'il a subie sans en être l'instigateur, vaudra à celui qui fut un des plus brillants directeurs généraux de la DGSE de quitter prématurément ses fonctions.

À force de plonger quotidiennement dans le flot nauséabond des « affaires », Dominique de Villepin devient exagérément suspicieux, tendant à voir des complots là où il n'y a que coïncidences fâcheuses. À quelques reprises, le Président m'appelle : « Venez me voir, mon général. Dominique est avec moi et s'inquiète de quelque chose. » Les informations dont je dispose suffisent à le rassurer.

Dominique de Villepin ne se formalise pas des relations directes que j'entretiens avec le Président, mais quand la cohabitation se durcit, aucun sujet n'échappe à sa vigilance, tandis que sa fougue se teinte d'irascibilité. Ainsi en vient-il, au cours d'une réunion du matin, à décrire la situation des armées dans des termes apocalyptiques, me reprochant tout à trac mon manque de combativité. « Le Président ne veut pas que la Défense devienne un enjeu de la cohabitation » : ma réponse le met en fureur. Vexé par cette admonestation publique, je décide de faire la grève de ces séances jusqu'à nouvel ordre et de m'y faire représenter par un adjoint. Peu après cet incident, le secrétaire général lance le sujet au cours d'une réunion autour du chef de l'État. Chirac l'arrête d'une main levée : « C'est une question que je traite directement avec le général Bentégeat. » La Défense ne sera pas un thème de la campagne présidentielle. D'ailleurs, dans le livre-programme que Lionel Jospin publie alors avec Alain Duhamel, le sujet occupe moins d'une page.

Quand, en mai 2002, Villepin devient ministre des Affaires étrangères, nos relations n'en sont pas moins à leur zénith. Il sait que je peux relayer auprès du Président des interrogations qu'il préfère ne pas aborder directement. J'admire, pour ma part, la passion qu'il met à rajeunir et stimuler la remarquable administration qu'est encore le Quai d'Orsay. Son discours fameux aux Nations unies sera le point d'orgue de l'étonnante carrière politique d'un homme exceptionnel, doté de tous les talents, mais éternellement tenté par les démons de l'autodestruction.

26

Le meilleur des régimes ?

Une fable, répandue par l'entourage du Premier ministre, veut que la cohabitation politique soit le « meilleur des régimes ». On célèbre ouvertement, dans les cercles « bien informés », la fonction soi-disant régulatrice de la dualité à la tête de l'État en faisant mine d'oublier que l'hôte de l'Élysée et celui de Matignon sont en compétition pour la prochaine élection présidentielle. Par là, on entend surtout magnifier le contrôle, au moins partiel, exercé par le Premier ministre sur la politique étrangère et de défense, c'est-à-dire le domaine réservé du chef de l'État. On cite à l'envi la préparation et le déroulement des conseils restreints où se décident les interventions militaires de la France, en laissant entendre que seule la vigilance du Premier ministre nous a préservés d'aventures irréfléchies…

Les dupes de cette thèse ignorent, d'une part, l'entente fondamentale qui règne entre Chirac et Védrine, son ministre des Affaires étrangères, et, plus encore, la réticence profonde du Président à l'égard des actions de force sans lendemain. On cherche à faire passer l'ancien maire de Paris pour un va-t-en-guerre irresponsable, alors que je le sais plus expérimenté et plus rationnel que ses opposants sur une scène internationale dont il connaît tous les pièges et les détours.

Cette présentation biaisée du couple exécutif a pourtant été sérieusement écornée lors du voyage de Lionel Jospin en Israël, en février 2000, le dérapage verbal du Premier ministre lui ayant valu un rappel à l'ordre public du Président. À cette occasion, il avait dénoncé les « attaques terroristes du Hezbollah », s'écartant du langage diplomatique convenu et provoquant la colère des Palestiniens.

Les chantres de la cohabitation ignorent sans doute le ridicule des sommets bilatéraux où les hôtes de la France doivent se plier à des entretiens séparés successifs avec les deux représentants du pays. Seuls les plus malintentionnés à notre égard y trouvent leur compte en jouant de nos divisions. Dans les négociations difficiles au sein de l'Union européenne, les différends internes, même réduits à des nuances, affaiblissent notre capacité à porter le fer et à défendre nos intérêts. Selon moi, la cohabitation contredit l'esprit et fausse la lettre des institutions en inhibant la vitalité de l'Exécutif. Propice aux rivalités et frein à la décision, c'est un mode de fonctionnement exécrable de la Ve République.

La guerre larvée que se livrent les deux têtes d'affiche s'exacerbe en 2001, à l'approche de l'échéance présidentielle. Chirac n'a pas voulu, on le sait, que la Défense devienne un sujet public de discorde. Il accepte mal, pourtant, les restrictions budgétaires imposées par Jospin qui mettent en danger le modèle d'armée professionnelle qu'il a approuvé en 1996. Décidant d'ouvrir à la presse la cérémonie des vœux des armées, il y dénonce chaque année l'insuffisance des crédits militaires, mais les médias, largement acquis à la majorité, ne s'en font guère l'écho.

Lorsque le ministre de la Défense relance le débat sur la torture en Algérie, en ouvrant exceptionnellement les archives aux chercheurs, il s'en émeut et me convoque. « Mon général, je ne peux pas accepter cette mise en accusation de notre armée. Qu'il y ait eu des cas isolés, on ne peut le nier, mais on n'a pas le droit de généraliser. Moi-même, en près de deux ans, je n'ai jamais vu un cas de torture. D'ailleurs, dans mon escadron, on savait que je ne tolérerais pas le moindre écart vis-à-vis de la population ou des prisonniers. Préparez-moi un communiqué très ferme. » Avant cet entretien, j'ai pris le soin de m'informer du contenu des archives qui vont être ouvertes. J'expose au Président, sincèrement choqué, le résultat de mon enquête : il n'y a pas eu systématisation de l'emploi de la torture et aucune directive n'a été donnée en ce sens, le commandement n'encourageant pas ces pratiques. Néanmoins, on ne peut nier que son emploi a été fréquent.

L'Élysée publiera un communiqué sobre, refusant toute généralisation et rappelant le sacrifice de nos soldats.

Le 11 septembre 2001, les attentats de New York et de Washington sont à l'origine d'un premier affrontement entre Chirac et Jospin. En début d'après-midi, le Président, en déplacement à Rennes, m'appelle au téléphone : « Mon général, vous avez regardé la télévision ? Je rentre à Paris et j'ai convoqué un conseil restreint pour évoquer les mesures à prendre pour la sécurité des Français. » Quand s'ouvre la réunion, le chef de l'État est dans un état de fureur que je ne lui ai pas connu depuis la prise en otages de nos soldats à Sarajevo. En effet, le Premier ministre, sans attendre et sans concertation, a décidé et annoncé le déploiement de militaires sur le territoire national dans le cadre de Vigipirate. Après quelques commentaires généraux, Chirac exige des explications sur les mesures rendues publiques par le gouvernement. Crispé, Jospin répond qu'il n'a fait qu'exercer ses prérogatives et il ajoute qu'il prendra toutes les décisions imposées par la menace potentielle d'avions-suicides, car, aux termes d'un décret de 1975, la défense aérienne relève de sa seule autorité. Explosant littéralement, le Président rappelle qu'aucune décision d'engagement des moyens militaires ne peut être prise sans l'accord du chef des armées, comme le prévoit la Constitution. Le conseil n'aura duré qu'un quart d'heure.

J'apprends, le soir même, que Matignon organise avec l'état-major des armées et le commandement de la défense aérienne des réunions, auxquelles je ne suis pas convié, sur les dispositions à adopter pour contrer d'éventuelles agressions d'avions-suicides. Pourtant, trois jours plus tard, le directeur de cabinet du Premier ministre me demande de passer le voir. Olivier Schrameck m'explique en quelques mots que Lionel Jospin, soucieux de respecter les responsabilités constitutionnelles de chacun, estime indispensable que le Président soit associé à la décision d'ouverture du feu éventuelle sur un aéronef civil suspect. Je ne peux m'empêcher de sourire : « Le Premier ministre considère aussi sans doute que la destruction d'un avion civil mérite un partage des responsabilités. » Schrameck sourit à son tour : « Il y a aussi un peu de cela. » Quand je rapporte l'entretien à Chirac, il éclate de rire : « Vous pouvez donner mon accord, naturellement. » Les responsabilités ne l'ont jamais effrayé.

Quelques jours plus tard, nous sommes à Washington pour une rencontre programmée de longue date avec le président Bush. Dans le Bureau ovale, que les Français connaissent mieux par les séries télévisées américaines que celui du président français à l'Élysée, l'ambiance est grave, chaleureuse et amicale. Le Président exprime la solidarité totale du peuple français et notre disponibilité pour agir militairement aux côtés des forces américaines pour répondre à l'agression. Son homologue, peu disert, paraît serein et concentré. Il marque néanmoins sa surprise quand Chirac ajoute que nous sommes prêts à tout faire pour aider nos alliés, sauf des opérations « homo », c'est-à-dire des assassinats ciblés. La surprise de George Bush est sincère. Il n'a pas envisagé de recourir aux Français pour des opérations de cette nature auxquelles les services américains ne répugnent pas, mais l'opposition de son hôte à ces pratiques le laisse pantois. L'atmosphère très amicale se prolonge pendant le dîner. Au grand soulagement de notre président, Bush a rappelé le cuisinier français que Clinton avait remplacé par un spécialiste du fast-food. La visite, le lendemain, à New York, des décombres des Twin Towers qu'il survole en hélicoptère le bouleverse. J'ai pu, pour ma part, constater les dégâts causés au Pentagone par le crash d'un avion-suicide. Les thèses complotistes qui fleurissent déjà sur Internet me donnent la nausée.

Rapportés par la presse, les propos allants du chef de l'État provoquent une réaction sèche de Matignon, qui émet des réserves sur notre engagement éventuel. Dans la « majorité plurielle », un puissant courant antiaméricain contraint le Premier ministre à une grande prudence dans la manifestation de notre solidarité.

Aussi ne suis-je pas surpris par l'appel téléphonique de Lionel Jospin, ce dimanche après-midi du mois d'octobre. « Monsieur le Président, vous avez vu la demande américaine d'utilisation de nos bases et de survol de notre territoire pour faciliter leur engagement en Afghanistan. Je n'y suis pas favorable. Nous ne pouvons pas être complices de bombardements qui feront de nombreuses victimes civiles. » Chirac fronce les sourcils. Je lui passe mon bloc-notes sur lequel j'ai écrit en hâte : « 6 000 morts », le nombre supposé des victimes à cette date. Le Président réagit aussitôt : « Monsieur le Premier ministre, avez-vous pris conscience du fait que les Américains viennent de subir la perte de 6 000 de ces civils dont vous craignez qu'ils puissent être des victimes des bombardements américains ? » Jospin n'insiste pas.

La cohabitation vire à la guerre psychologique. Or, en la matière, Chirac a l'avantage, se posant, par essence comme par nature, en père de la Nation. Les escarmouches se multiplient jusqu'à la prise de Kaboul, le 14 novembre, qui calme les ardeurs du clan antiaméricain. Auparavant, Chirac doit imposer, en conseil restreint, des mesures minimales de soutien aux opérations américaines et il doit s'investir directement auprès de Poutine pour obtenir la mise à disposition d'une base aérienne au Tadjikistan afin de permettre l'acheminement de nos moyens. Ultime passe d'armes après la chute de Kaboul, le Premier ministre s'offre le luxe d'annoncer personnellement aux médias la décision (prise par le Président) d'engager le porte-avions

Charles-de-Gaulle en soutien de nos forces déployées au sein de la Force internationale d'assistance et de soutien (FIAS) créée par l'ONU.

La détermination du Président n'obère pas son jugement. Conscient des risques de l'entreprise américano-britannique, il rappelle que l'Afghanistan n'est pas dans notre zone d'intérêt et décide que notre participation doit être limitée au volume strictement nécessaire pour marquer notre solidarité. La « doctrine Chirac » tiendra jusqu'à notre retour dans la structure intégrée de l'OTAN, en 2008.

La cohabitation a donc sérieusement éprouvé la conduite de notre action extérieure dans les mois précédant l'élection présidentielle. Le risque d'un retour à cette configuration politique est considérablement réduit depuis le référendum de septembre 2000, qui a consacré le raccourcissement du mandat présidentiel. Je n'ai pas participé aux débats internes qui ont précédé le projet de réforme constitutionnelle, mais je sens bien que cette mesure aura un impact profond, pour le meilleur et pour le pire, sur le fonctionnement de nos institutions. Il reste que, d'un commun accord, Chirac et Jospin, suivis par une large majorité des Français, ont indirectement prononcé la déchéance de ce régime détestable*.

* Le 24 septembre 2000, 73,2 % des votants approuvent le raccourcissement du mandat présidentiel de sept à cinq ans. En dépit du soutien du RPR et du PS au texte proposé, l'abstention est très importante (près de 70 % des inscrits). Le risque de cohabitation est désormais très faible, car le mandat présidentiel et le mandat législatif se confondent et il est très improbable que les Français ne donnent pas au président qu'ils viennent d'élire la majorité dont il a besoin. Les conséquences plus néfastes de cette réforme sur le fonctionnement des institutions n'apparaîtront qu'à l'usage.

Quand débute la campagne présidentielle, je sens le Président peu motivé. Pour la première fois, probablement, il n'y croit pas et cinq années de cohabitation ont usé sa combativité. Mme Chirac s'en inquiète et ne me cache pas son désarroi : « Général, cette fois, je pense que nous allons perdre. Mon mari ne se bat pas. » J'en ai la preuve quand il me parle, très amicalement, de son « testament ». « Vous savez, il est d'usage que le président sortant laisse à son successeur une liste de personnes dont il souhaite qu'elles soient reclassées à des grandes fonctions de l'État. Je vous ai inscrit sur mon "testament" au poste de chef d'état-major des armées. » Spontanément, je lui réponds que je ne suis pas sûr d'avoir envie de cette responsabilité s'il n'est plus président, hypothèse que je me refuse à envisager.

Des parlementaires qui se verraient bien ministres de la Défense font mon siège pour asseoir leur connaissance des dossiers. Quelques jours plus tard, je reçois du Président des notes de propositions signées de leur main et brièvement annotées : « Mon général, qu'en pensez-vous ? »

Bien involontairement, Jospin réveille le grand fauve politique par des remarques malheureuses sur son rival lors d'un déplacement en avion*. Piqué au vif, Chirac se lance enfin dans la campagne. Le soir du premier tour de l'élection, je suis, avec ma femme et mon dernier fils, au milieu d'un groupe de conseillers de l'Élysée, dans le bureau de Bertrand Landrieu. Quand tombe le dernier sondage, vers 19 heures, tous

* Le 10 mars 2002, au retour d'une visite à la Réunion, le Premier ministre décrit son rival comme « vieilli, fatigué, usé ». Le tollé provoqué par ces propos le conduit à s'en excuser deux jours plus tard.

prennent un air consterné : le deuxième tour opposera notre président à Jean-Marie Le Pen. Les commentaires fusent, « atteinte à la démocratie », « duel indigne », « on aurait préféré un vrai combat Chirac-Jospin ». J'ignore s'ils sont sincères ou hypocrites. Quant à moi, je ne cache pas mon soulagement : il sera réélu et la France s'en portera mieux.

Après sa victoire au second tour, je ne le vois que brièvement pour des affaires urgentes. Il me reçoit comme si rien ne s'était passé. Parfaitement détendu et d'humeur joyeuse, il semble avoir retrouvé l'énergie et l'optimisme des premières années. L'heure est à la constitution du gouvernement auquel participeront, en tant que ministres, plusieurs de ses conseillers. Plus que jamais, Claude est la cheville ouvrière de cette nouvelle architecture. Depuis la mort de Jacques Pilhan, en juin 1998, elle s'est affirmée dans ce rôle qui va bien au-delà de la communication. Présente à toutes les réunions, intervenant peu mais toujours à propos, elle oriente discrètement les décisions de son père tout en se gardant de s'opposer frontalement aux propositions qu'elle désapprouve. Nul ne se hasarderait à sous-estimer son intelligence et la rigueur de son approche. Pour ma part, je n'ai avec elle aucun sujet de désaccord et j'admire la modestie souriante dont elle ne se départ pas.

27

Questionnaire

En accueillant, en juin 2002, le général Nelson à l'entrée de mon bureau, je renoue avec les temps heureux où nous étions condisciples à l'École de guerre. Grand, carré, un visage sombre taillé à coups de serpe, et l'œil vif derrière des lunettes légèrement teintées, mon camarade sénégalais est un homme réfléchi et courtois, unanimement apprécié. Ancien saint-cyrien, il n'ignore rien des armées françaises et je m'étonne qu'il sollicite mes conseils. La raison en est qu'il est pressenti pour la fonction de chef de l'état-major particulier du président Wade et se montre curieux de la manière dont je conçois mon rôle.

Avant d'entrer dans le vif du sujet, je l'interroge sur son pays, auquel je suis attaché pour y avoir servi entre 1970 et 1972, puis nous évoquons des souvenirs plus récents de l'École de guerre. Nelson, surnommé comme il se doit l'« Amiral », s'était acquis une belle réputation d'humoriste en interpellant un colonel qui nous présentait son unité : « Mon colonel, pouvez-vous m'expliquer le sens de la devise de votre régiment : "Noir et méchant" ? » Un fou rire irrépressible avait gagné toute la promotion, tandis que le colonel, dans ses petits souliers, expliquait que ce qualificatif désignait le sanglier, emblème de son régiment, et qu'il ne fallait y voir aucune allusion raciste…

Au-delà des organigrammes et des procédures, je tente avec lui de définir la fonction de chef de l'état-major particulier, qui n'a pas d'équivalent dans les démocraties occidentales. Aux États-Unis, le conseiller national de sécurité est, le plus souvent, un haut fonctionnaire civil qui s'appuie sur un organisme étoffé au sein duquel cohabitent militaires, diplomates, agents de renseignements et experts universitaires. Au Royaume-Uni comme en Allemagne, on ne conçoit pas la présence d'un officier général de haut rang auprès du chef de l'Exécutif. Le choix français traduit en fait l'importance que le général de Gaulle attachait à la responsabilité de chef des armées incombant au président de la République. Il voulait à ses côtés un chef militaire qui puisse l'informer en temps réel, transmettre ses ordres et s'assurer de leur exécution.

Nelson hausse un sourcil : « N'est-ce pas le rôle du ministre de la Défense et du chef d'état-major des armées ? » Je ne peux m'empêcher de sourire : « En France comme au Sénégal, le Président a de larges pouvoirs et ne veut pas être dépendant d'informations ou d'avis qui peuvent être orientés. Le chef de l'EMP n'est subordonné ni au ministre, ni au CEMA et son avenir ne dépend que du chef de l'État. » L'« Amiral » s'obstine et veut comprendre comment fonctionne la chaîne de commandement au sein de ce trio. Je lui explique que les décisions présidentielles sont prises en Conseil de défense ou en conseil restreint, tous les acteurs ayant pu s'exprimer. Leur mise en œuvre est dévolue au ministre et au CEMA. Le rôle du chef de l'EMP s'exerce donc en amont pour éclairer les choix du chef des armées. Son influence et son poids dépendent de la qualité des relations qu'il a su ou non établir avec ce dernier.

Je lui confie qu'en feuilletant les archives de l'EMP, j'identifie sans peine ceux de mes prédécesseurs qui ont eu l'écoute du Président. Les autres, aussi nombreux, se contentaient de l'apparence du pouvoir. Pusillanimité et manque de sens politique sont assez répandus dans la caste des généraux quand la crainte de déplaire se travestit en devoir d'obéissance. « Il n'est rien de plus couard qu'un général en dehors du champ de bataille », prétendait Mac-Mahon. Certes, ceux de ma génération n'ont rien à voir avec les badernes glorieuses du Second Empire, mais la fonction de chef de l'EMP requiert des aptitudes qui font défaut à ceux qui se complaisent dans l'univers formaté de l'institution militaire. Nelson hoche la tête, à moitié convaincu : « Tu dis ça parce que tu as fait Sciences Po ! » J'éclate de rire : « Tu te souviens de Guignon, notre colonel à l'École de guerre ? Quand il m'a annoncé les résultats de la rue Saint-Guillaume, il a commenté : "On n'a pas besoin d'intellectuels dans l'armée de terre !" J'ai réagi aussitôt : "Non, mon colonel, mais des gens intelligents ne sont pas de trop." Il a ri et m'a répondu, beau joueur : "Vous n'avez pas tort." » En fait, Sciences Po est un bon viatique dans ce « job », puisqu'il me permet de parler le même langage que les conseillers civils de l'Élysée, mais ce « camouflage » policé peut aussi être un handicap. Certains politiques, dont Chirac, aiment à avoir en face d'eux des officiers conformes à l'image qu'ils s'en font : simples, rustiques et tranchants. À l'usage, pourtant, les seules qualités qui comptent sont la compétence et la loyauté.

L'« Amiral » pousse un soupir : « Quelle est la valeur ajoutée du CEMP par rapport au CEMA ? » Ma réponse est instantanée : « Il vit avec le Président et son équipe. Il connaît les motivations et les contraintes au sommet de l'État. Il a des contacts fréquents avec les cabinets de Matignon et ceux des ministères concernés par la Défense et la sécurité. Il peut donc présenter des options dans un cadre élargi en les inscrivant dans les préoccupations du chef de l'État. Il peut aussi parfois orienter les choix du CEMA… » Nelson bondit comme un diable d'une boîte : « Il y a donc un risque de dyarchie à la tête des armées ? » Je tempère son indignation : « Non, car l'EMP est une structure croupion. Seul le CEMA a la capacité de planifier et de conduire des opérations, de préparer et de gérer un budget et d'entretenir des relations avec l'OTAN, l'UE et les autres chefs d'état-major. Il reste qu'il doit tenir compte du CEMP et s'en faire si possible un allié. »

Mon camarade m'interroge alors presque timidement : « Peut-on rester neutre politiquement dans cette fonction ? » Je ne peux retenir un soupir : « La plupart des militaires ne le croient pas et soupçonnent les officiers de l'EMP de faire carrière avec la carte du parti en bandoulière. C'est faux, bien sûr. Notre seule contrainte, par loyauté, est de ne jamais émettre de critiques sur le Président, même si nous n'adhérons pas à de larges pans de son action, sociaux et économiques par exemple. Par contre, notre position serait intenable si nous étions en désaccord avec sa politique étrangère et de défense. Les conseillers civils affectent de croire que nous partageons leur engagement partisan mais, à l'occasion, n'hésitent pas à souligner leur "légitimité politique" pour arracher une décision que nous contestons. » L'« Amiral » renchérit : « Tu n'es qu'un expert, en fait ! » Je réfute ce qualificatif que je juge inadéquat. Le chef de l'EMP est un maillon de la chaîne de commandement, notamment dans le domaine nucléaire, ce qui en fait un responsable plutôt qu'un technicien.

Mon camarade sénégalais m'expose sans fard sa répugnance à entrer dans les luttes de pouvoir, qui sévissent à Dakar comme à Paris. Il porte un jugement sévère sur la classe politique de son pays. Je ne partage pas son mépris pour les politiciens. J'en connais certes qui n'ont pas le niveau souhaitable pour la charge qu'ils exercent et je sais aussi qu'on ne parvient pas au sommet de l'État sans une bonne dose de cynisme. Nos icônes les plus sacrées, Lincoln, Churchill ou de Gaulle, en ont usé et abusé quand les circonstances le justifiaient. L'ambition personnelle et le goût du pouvoir peuvent être haïssables mais sont des forces motrices nécessaires à l'accomplissement de grands desseins.

En se prolongeant, notre discussion devient trop personnelle et me met mal à l'aise. Les questions que je refoule depuis longtemps reviennent me hanter : « Suis-je à ma place dans cet univers si éloigné des principes et des comportements de la communauté militaire ? Un soldat peut-il s'immerger pendant six ans dans la vie politique sans prendre le risque d'y perdre son âme ? » Je ne me sens pourtant pas différent du lieutenant et du capitaine que je fus, enchaînant les commandements en Allemagne, en France et en Afrique, tirant, poussant, encourageant ou admonestant les hommes qui m'étaient confiés, appelés ou engagés, pour qu'ils soient toujours les meilleurs, fiers et solidaires de leur groupe. Je peux encore m'identifier au jeune commandant du Service d'information et de relations publiques des armées (SIRPA) escortant des journalistes à N'Djamena, en 1980, dans la fournaise des combats de la guerre civile, découvrant, sous les tirs croisés des miliciens, la peur et l'ivresse de la surmonter, s'horrifiant du spectacle des cadavres abandonnés dans les rues et des blessés alignés dans les couloirs de l'hôpital militaire français, s'émerveillant enfin du dévouement infini de nos chirurgiens à bout de forces et ne renonçant jamais.

Il me semble que je n'ai rien oublié, ni renié. L'enthousiasme infatigable qui m'habitait quand je commandais à Vannes le régiment d'infanterie et chars de marine, la plus glorieuse de nos unités, est toujours là, intact. Dans la lutte quotidienne que je mène pour que la voix des armées soit entendue dans tous les cénacles où se joue l'avenir de notre défense, les visages aimés de ceux que j'ai commandés me soutiennent et m'inspirent encore.

Nelson me ramène brutalement sur terre : « Dans ce "job", tu dois quand même accepter des compromissions ? » Je sursaute : « Des compromissions, non ! Des concessions, certainement. » Je songe aux négociations difficiles que j'ai conduites avec le directeur de cabinet adjoint du Premier ministre, mon ami Jean-François Cirelli, sur le projet de loi de programmation militaire. Kelche n'est pas satisfait du résultat, qui est pourtant meilleur que je ne l'escomptais. « Le Président doit arbitrer entre des intérêts contradictoires. Obtenir tout ce que souhaitent les armées est impossible. J'ai donc appris à me fixer des objectifs "juste au-delà du raisonnable”. Par contre, dans le domaine des opérations, aucune impasse n’est négociable. »

L’« Amiral » a gardé pour la fin la flèche du Parthe : « Tu n’as pas peur, si tu es nommé chef d’état-major des armées, de ne plus savoir commander ? » Dans son esprit, les années que j’ai passées sous les lambris dorés de la République ont pu faire d’un soldat un courtisan, d’un chef militaire un intrigant. Je réagis au quart de tour : « Comme toi, j’ai été formé pendant trente ans à décider en situation de crise. C’est ce qui nous distingue de la plupart des hauts fonctionnaires, non pas, Dieu sait, que nous soyons meilleurs qu’eux, mais nous n’avons pas le choix : la vie ou la mort de nos hommes et de ceux que nous protégeons en dépend. Les poisons de la vie de cour n’ont pas d’effet durable sur nous parce que nous avons choisi à vingt ans un métier qui exalte la responsabilité personnelle. “J’ai le droit d’exiger l’obéissance parce que mes ordres sont raisonnables”, dit le Petit Prince. Si je n’y croyais plus, je refuserais de succéder à Kelche et je me trouverais quelque prébende dont on n’est pas avare dans ce milieu. »

Nelson me quitte avec un grand sourire : « Je ne suis pas sûr que le système français soit facilement transposable dans la société sénégalaise. Les ressorts du pouvoir sont universels, mêlant convictions, ambitions personnelles et rapports de force, mais chez nous le poids de la famille et des traditions complique tout. »

28

Dîners d'État

Le deuxième mandat du Président provoque, on l'a dit, un large renouvellement des conseillers à l'Élysée. Plusieurs sont entrés dans le gouvernement Raffarin, comme Dominique de Villepin, ministre des Affaires étrangères, Jean-François Lamour, ministre des Sports, ou Brigitte Girardin, ministre de l'Outre-mer. Christine Albanel a rejoint le Conseil d'État et Valérie Pécresse est députée de Versailles. L'élection de cette dernière m'a valu un échange savoureux avec le général Morillon* qui se présentait contre elle. Chirac, s'agaçant du fait que ce dernier se fasse passer pour un membre de la « majorité présidentielle », m'a demandé de l'appeler pour qu'il retire ce label indu. J'aime beaucoup Morillon, qui ne manque pas d'humour, et il prend un air profondément peiné quand je lui

* Morillon a eu son heure de gloire en 1993 quand il commandait la force des Nations unies en Bosnie. S'installant à Srebrenica, ville musulmane assiégée par les milices serbes, il proclama sa volonté de ne jamais abandonner la ville, ce qui lui valut le surnom de « général Courage » attribué par la presse. Une fois à la retraite, il se fit élire au Parlement européen sur une liste de l'UDF. En 2002, il se présentait sans étiquette aux élections législatives.

fais part de l'irritation du Président. « Chirac sait bien que je lui suis acquis. » Contre Valérie, il n'a aucune chance, label ou pas. Elle a pour elle une profondeur et une finesse peu courantes et le soutien de l'appareil chiraquien. De plus, elle connaît les dossiers locaux, ce qui n'est sûrement pas le cas de son adversaire.

Philippe Bas, notre nouveau secrétaire général, est l'antithèse de Villepin. Son calme absolu, son sens de la mesure et sa maîtrise des dossiers allègent l'atmosphère. La Présidence y perd un peu de passion, mais gagne en sérénité. Mes relations avec lui sont simples et amicales.

Heureusement, le conseiller diplomatique ne change pas. Depuis deux ans, j'ai noué avec Jean-Marc de La Sablière des relations confiantes et productives. Sa vaste culture et son peu de goût pour les « coups » lui font rechercher en toutes circonstances le sens profond des événements, ce qui ne l'empêche pas d'être réactif et pragmatique. J'ai un réel plaisir à travailler avec lui.

Les hommes changent, mais certaines règles sont immuables. Ainsi en est-il des dîners d'État.

Chirac ne les aime pas, surtout quand il doit enfiler un smoking ou un habit dans lequel il se sent déguisé. Cet énarque, familier depuis quarante ans des palais de la République, déteste l'entre-soi et les réjouissances où les puissants du jour s'autocongratulent en s'isolant du reste de la société. Pour ma part, je l'avoue, je prends plaisir à ces grandes réceptions où on croise des personnalités connues et parfois originales et où je peux me faire accompagner de ma femme, tenue trop à l'écart de l'univers flamboyant qui consomme mes journées.

En ces occasions peu fréquentes, deux par trimestre en moyenne, l'Élysée retrouve sa vocation initiale, celle que le Régent imposa au comte d'Évreux en 1718 : pouvoir recevoir dignement à Paris l'élite de son temps.

Un air de fête flotte sur le Palais. Pour la plus grande joie, mêlée d'envie, des badauds qui se pressent en face des grilles du Faubourg-Saint-Honoré, le carrousel des voitures s'organise dans la cour d'honneur. Des « laquais » d'occasion en livrée ouvrent les portières et s'inclinent devant les invités, des hommes attentifs à rester dignes sans être guindés et des femmes en robe longue brillant des feux de leurs bijoux s'efforçant de paraître naturelles. Sur les marches du perron, les cavaliers de la garde républicaine rendent les honneurs, sabre au clair.

On dîne dans la salle des fêtes pour conclure la visite officielle d'un chef d'État étranger, monarque ou président, souverain symbolique ou détenteur du pouvoir.

Dans les salons décorés de bouquets somptueux, on fait la queue pour s'incliner devant le couple présidentiel et ses hôtes, avant de gagner les places attribuées à chacun par le protocole.

Le mandataire de cette fonction délicate, souvent méconnue et à tort dédaignée, est toujours un diplomate, car elle est étroitement associée à la politique étrangère. Le chef du protocole est là pour que tout se passe bien : l'activité internationale de nos plus hautes autorités, l'accueil en France des personnalités étrangères, les grandes cérémonies nationales où chacun doit savoir où est sa place, la mission en France des diplomates étrangers et des organisations internationales. Il est, disait le général de Gaulle, l'« ordre de la

République* ». J'ai personnellement connu trois chefs du protocole, Daniel Jouanneau, Frédéric Grasset et Paul Poudade, des professionnels hors pair, fins et subtils, ayant en commun un sens de l'humour affirmé, indispensable dans ces fonctions. Confrontés quotidiennement aux petitesses de la vanité et aux aigreurs des ambitions médiocres, ils leur opposaient, avec la prudence requise, le front serein de la règle républicaine ou l'impératif mystérieux de la raison d'État.

Mme Chirac, en maîtresse de maison, a fait rétablir la disposition qui prévalait du temps du général de Gaulle. Les petites tables rondes du septennat précédent ont cédé la place à une large table unique en forme de U, couverte d'une nappe blanche damassée. De grands chandeliers en argent éclairent discrètement l'élégant service de Sèvres et les verres à pied en cristal qui font l'ordinaire des repas présidentiels. De sa place, chacun des invités peut voir les chefs d'État et leurs conjoints qui trônent, mais ne peut s'entretenir qu'avec ses voisins immédiats, le vis-à-vis n'étant pas à portée de voix. Après l'échange traditionnel des « toasts », exercice diplomatique convenu et sans surprise, vient le moment attendu par les initiés. Deux longues colonnes de serveurs en queue-de-pie et gants blancs, portant leurs plats comme le saint sacrement, surgissent du fond de la salle et se livrent à un ballet parfaitement rodé, servant simultanément les deux cent cinquante convives avant de se retirer sans un mot, dans un ordre parfait.

Le dîner peut commencer. Le plaisir qu'éprouvent les invités à cette manifestation solennelle des fastes

---

* *Cf.* Daniel Jouanneau, *Dictionnaire amoureux de la diplomatie*, Paris, Plon, 2019.

républicains est foncièrement égoïste : satisfaction d'amour-propre, de voir et d'être vu, mais aussi célébration épicurienne, car la table de l'Élysée est une des meilleures de Paris et les vins qu'on y sert sont au sommet de leur art.

Les rencontres sont hasardeuses, largement soumises aux calculs complexes du protocole, qui établit le plan de table. Il m'est arrivé de me trouver placé entre deux étrangers qui ne parlaient ni français ni anglais, nos échanges se limitant à des sourires crispés. Dans ces circonstances, je bénissais la rapidité du service qui limitait la durée de mon inconfort. Le café était servi debout dans les salons adjacents. Le Président et Mme Chirac ne s'attardaient pas au-delà de 23 heures, mais quelques invités prolongeaient la fête dans le jardin d'hiver.

Une fois seulement, je fus exclu d'un dîner d'État. La visite de la reine Élisabeth II attirait tant de demandes que l'on me pria d'y renoncer. Je pris ma revanche, quelques années plus tard, quand le protocole de Sa Majesté imposa ma présence au château de Windsor pour la visite en retour du chef de l'État, mais je ne pus, contrairement à mon homologue britannique, me faire accompagner de ma femme. Mme Chirac, sous la pression de ses amis fascinés par la monarchie d'outre-Manche, la raya de la liste.

De la trentaine de dîners auxquels je fus convié, je garde quelques souvenirs mémorables. Il y eut cet échange avec Mme Gayssot, l'épouse du chaleureux ministre communiste des Transports.

« Vous savez que le Premier ministre a mis en garde les membres du gouvernement contre le président Chirac. Il leur a dit de ne pas se fier à son apparence sympathique parce que en réalité, c'est un tueur et un menteur. Eh bien, mon mari m'a dit qu'il n'en a rien à faire parce qu'il trouve Chirac très sympathique. C'est un homme vrai qui sait parler aux gens… »

Une autre fois, la femme de Gilbert Bécaud se trouva placée entre Kelche et moi et nous charma par la simplicité avec laquelle elle évoquait sa vie d'épouse d'un chanteur célèbre et l'élevage de daims auquel elle se consacrait. Après le dîner, son mari nous rejoignit ainsi que ma femme et nous eûmes, à quatre, un moment délicieux d'échange qui se prolongea bien au-delà du départ de nos hôtes. Bécaud était, lui aussi, un « homme vrai ».

En découvrant, un soir, que j'avais pour voisines Sophie Marceau et Xavière Tiberi, je cherchai du regard Frédéric Grasset, mon ami chef du protocole, et je compris à son air frisé qu'il avait prémédité l'étrange compagnie à laquelle il me livrait. Je constatai que l'actrice était aussi belle au naturel que dans ses films, mais je fus accaparé pendant tout le dîner par Xavière Tiberi, fidèle à la caricature qu'en faisait *Le Canard enchaîné* dans son feuilleton « Le journal de Xavière T. », dévidant avec aigreur la liste interminable de ses malheurs et des manquements qu'on avait à son égard. De Sophie Marceau, je n'appris qu'une chose, la jalousie féroce de son mari, Andrzej Zulawski, qui lui faisait face et la fixait d'un regard intense et furieux quand elle s'amusait des bons mots de son voisin de gauche.

Mon souvenir le plus émouvant, je le dois à la ministre de la Santé du Nigeria. Cette jeune femme m'expliqua qu'elle était née dans la brousse et avait réussi à faire des études d'infirmière grâce aux sacrifices consentis par ses parents. Le Président l'avait remarquée en visitant le dispensaire qu'elle animait dans un coin perdu, au sud d'Abuja. Quelques mois plus tard, il lui avait proposé, à elle l'enfant de la brousse, de devenir ministre. Elle n'avait accepté que « parce qu'elle voulait faire du bien ». Quand le premier plat lui fut servi, elle n'y toucha pas et son assiette repartit intacte. Comme elle ignorait ensuite le plat principal, je la crus malade et me tournai vers mon autre voisine. Un instant plus tard, jetant un œil vers elle, je la vis penchée sur son assiette, un pilon de pintade dans une main, des légumes ruisselant de sauce dans l'autre. La malheureuse avait attendu que je me détourne pour pouvoir manger sans les couverts dont elle ignorait l'usage. Quand vint le dessert, je pris résolument ma part de gâteau de la main droite et elle m'imita sans tarder.

Un ultimatum incongru à propos d'un dîner d'État fit échouer la visite du président iranien. Quand Chirac apprit que ce dernier exigeait qu'il n'y ait pas de vin servi au cours du repas officiel, il fit annuler l'invitation. « On ne dicte pas à la France la manière dont elle reçoit ses hôtes. »

29

Et cœtera

Il m'arrive, entre dix dossiers complexes ou brûlants, de devoir traiter d'affaires incongrues, parfois anodines, mais toujours édifiantes, car, pour Chirac, rien n'est jamais insignifiant.

Ce matin du mois d'avril, il m'attrape par le bras à la sortie d'une réunion : « Je voudrais que vous receviez Robert Galley. Il cherche à me rencontrer depuis quelques jours et je n'ai pas le temps de le voir. Traitez-le avec beaucoup d'égards. Il a été un grand résistant et un scientifique de haut niveau. » Je ne connais pas personnellement celui qui a été mon ministre quelques années plus tôt, mais on dit qu'il collectionnait les papillons et profitait de ses visites en Centrafrique pour chasser des lépidoptères rares dans les collines de Bangui où des nuées multicolores enchantaient autrefois mes courses solitaires. C'est donc avec sympathie et curiosité que j'accueille ce grand ancien qui a brillé à El Alamein et participé à la libération de Paris. Cet homme âgé, à l'élégance discrète et vaguement défraîchie, m'expose avec une courtoisie véhémente l'objet de sa visite. Il a découvert par des canaux mystérieux l'existence d'un projet d'armement révolutionnaire en Russie qui pourrait bouleverser l'équilibre des forces et remettre en cause la dissuasion nucléaire. Estomaqué et un peu incrédule, je lui demande s'il a transmis ces informations à la DGSE, mais il insiste pour garder le secret au plus haut niveau de l'État. Puis, sans attendre, il m'expose en détail le principe de fonctionnement de cette arme. Mes connaissances scientifiques ne me permettant pas de le suivre dans le dédale d'explications qu'il me livre, je tente en vain d'éclaircir l'origine de ses informations. Il me quitte au bout d'une demi-heure, me laissant plongé dans un océan de perplexité. Nous aurons trois autres entretiens avant que je ne le décide à rencontrer un ingénieur général de la Délégation générale pour l'armement qui sera mieux à même que moi d'apprécier l'intérêt de sa « découverte ». Je n'entendrai plus parler de lui et ne saurai jamais si ses craintes étaient fondées ou s'il avait été, comme Giscard avec les avions renifleurs, victime d'un savant illusionniste. Je m'en console en relevant que, si projet il y eut, il n'a pas, à ce jour, abouti.

Jacques Chirac, c'est connu, n'a pas d'ego. Il n'est ni vaniteux ni orgueilleux, ce qui détonne et choque presque à ce niveau de responsabilités. Il n'étale pas sa culture et recherche l'avis de ses collaborateurs, ce qui le fait passer pour un benêt influençable. L'homme est chaleureux et direct, enfin, ce qui peut inciter ses conseillers à la désinvolture. Un jour, en évoquant un dossier compliqué, il avance une hypothèse et se voit repris sèchement par un jeune diplomate. Je vois son visage se fermer et sa réponse claque : « Vous me prenez pour un imbécile ? » L'insolent en tremble de honte et de peur et nous baissons le nez dans nos dossiers. Quelques secondes suffisent au Président pour reprendre son calme et il enchaîne comme si rien ne s'était passé.

Le chef des armées est très « tactile ». Un matin, je m'attarde dans mon bureau pour donner des consignes à mes adjoints quand Mme Pac surgit : « Vous avez oublié la réunion avec le Président ? » Je cours dans la rue de l'Élysée et dans les couloirs du Palais et j'arrive hors d'haleine dans le Salon vert où les discussions ont débuté. Je m'avance aussi discrètement que je le peux jusqu'à la chaise laissée vide à gauche du chef de l'État. Une fois assis, je tente en vain de contrôler ma respiration. Chirac pose sa main sur mon épaule et m'adresse un sourire rapide.

La réunion s'éternise et certains, comme toujours, en font trop pour se donner de l'importance. L'impatience me gagne et mon genou commence à battre la mesure. Sa main se pose un bref instant sur mon coude et tout s'arrête.

Parmi les collaborateurs du Président, on compte au moins une célébrité : Anne Chopinet, première femme reçue à Polytechnique, avec le rang de major, a fait en son temps la une des médias et porte aujourd'hui le titre de conseillère scientifique. Visiblement émue, elle m'aborde sans détour pour s'indigner d'une décision récente du directeur de Polytechnique accordant aux jeunes femmes élèves de la prestigieuse école le droit de porter le bicorne traditionnel en lieu et place du tricorne qu'elle avait inauguré fièrement trente ans plus tôt. Elle me presse d'intervenir auprès du Président pour faire casser cette décision. J'appelle donc mon ami, le général Marescaux, pour apprendre qu'il n'a fait que répondre à une demande unanime de ses élèves féminines qui tiennent le tricorne pour une marque insupportable… de discrimination ! Le soir même, je croise le Président qui m'interpelle : « Anne m'a agressé ce matin pour une histoire de bicorne à Polytechnique. De quoi s'agit-il ? » M'ayant entendu, il tranche sans équivoque : « Dites à Anne que j'ai donné mon accord au général Marescaux. »

En ce début d'après-midi hivernal, Chirac reçoit l'administrateur général du Commissariat à l'énergie atomique. Cette visite, repoussée plusieurs fois, n'enthousiasme pas le chef de l'État, mais j'ai insisté pour qu'elle ait lieu car ce haut fonctionnaire, bien que socialiste, tient à marquer que ses responsabilités en matière de dissuasion nucléaire relèvent de la seule autorité du président de la République. L'administrateur, un scientifique de talent, saisit l'occasion pour dresser une vaste fresque des projets du CEA, ne répugnant à aucune explication technique. Les minutes passent et, sans interrompre sa litanie monotone et parfois obscure, le chef de l'État l'écoute avec attention, les yeux plissés et l'air concentré. Lorsque au bout d'une heure le patron du CEA interrompt son monologue, Chirac ouvre les yeux : « Merci, monsieur l'administrateur général. Je vous fais toute confiance et je vous demande de rester en contact étroit avec le général Bentégeat. » Comment fait-il pour dormir les yeux ouverts en gardant l'air concentré ? Son hôte n'a rien vu et repart enchanté.

Un dimanche après-midi, le Président me demande d'organiser avec l'ambassadeur du Maroc la visite privée que Mohammed VI envisage de faire en France dans la semaine à venir. Ce n'est pas de mon ressort, mais le chef du protocole est en déplacement : « Mon général, je vous dérange ? » « Jamais, monsieur le Président ! »

« Voilà, j'ai besoin de vous... » J'arrange l'affaire en quelques coups de téléphone avant de rappeler l'ambassadeur du Maroc. Il me remercie avec effusion et m'annonce que le chef de l'État vient de l'appeler... pour s'enquérir de la préparation de la visite et qu'il a pu lui assurer que tout était réglé. Comme Lincoln ou Churchill, Chirac contrôle toujours la mise en œuvre de ses directives. Quand je lui rends compte de ma mission, je fais mine de l'ignorer et il se garde, pour sa part, de me dire qu'il est déjà informé de mes démarches.

Charles Pasqua, l'ayant trahi avec Balladur, est *persona non grata* à l'Élysée. Je le croise pourtant un jour, dans les grands salons, au sein d'un groupe de personnalités qui accompagnent le Président. Goûtant son humour truculent, je m'approche pour le saluer quand le cortège s'apprête à quitter la pièce. À cet instant, Chirac aperçoit un garde républicain resté en retrait et fait demi-tour pour lui serrer la main. Pasqua me lâche, goguenard : « Que voulez-vous, mon général, une voix, c'est une voix ! » Je ne peux m'empêcher de rire, mais je sais l'admiration et l'affection que vouent les gardes à celui qu'ils vénèrent plus que tous ses prédécesseurs et, je l'apprendrai plus tard, tous ses successeurs.

Mme Chirac me sollicite rarement, mais, cette fois, il s'agit des vitraux de la chapelle royale du fort de Vincennes et de Mme de Bourbon-Busset. L'association Gallica Nostra, ouverte aux seuls membres de la plus vieille noblesse française, a décidé de restaurer un des joyaux méconnus du patrimoine national dont les admirables vitraux du XVIe siècle ont été malmenés par la tempête de 1999. Sa présidente, je l'apprends, est la veuve de Jacques de Bourbon-Busset, descendant en droite ligne de Saint Louis et surtout auteur de délicieux ouvrages consacrés à la félicité conjugale. L'objet de ce grand amour est une charmante vieille dame qui a la simplicité directe et souriante que seuls peuvent se permettre ceux pour qui la vanité des honneurs est superflue, car leur seul nom inspire la révérence en invoquant l'Histoire.

Au cours d'un agréable déjeuner dans un salon discret du Jockey Club, elle m'explique que la restauration des vitraux sera financée par un gala de charité qu'elle voudrait organiser dans les salons majestueux du Pavillon du Roi et auquel je serai naturellement convié avec mon épouse. Trois mois plus tard, par une belle soirée de printemps, ayant revêtu nos plus beaux atours, spencer et robe longue, ma femme et moi foulons le long tapis rouge déployé du centre de la cour jusqu'à l'entrée du Pavillon du Roi. À mi-chemin, un groupe de photographes et de cameramen immortalise la progression du gotha vers cette exceptionnelle réunion. À notre approche, les lumières s'éteignent soudain et les regards se détournent. Avec une science infaillible, les spécialistes des têtes couronnées et des familles royales ont détecté en nous les intrus dont la présence sur la pellicule ou le papier glacé offenserait les connaisseurs du « grand monde » en voie de peopolisation.

Après notre passage, la lumière revient et la ronde enchantée reprend son cours. Dans cet univers d'apparences qui prétend maintenir et glorifier les plus vieilles traditions françaises, un général et son épouse n'ont plus leur place. Ignore-t-on que l'aristocratie s'est forgée sur les champs de bataille et que la courtoisie était son apanage ?

Chirac a repris la tradition des hommages officiels rendus par le Président à ses prédécesseurs au jour anniversaire de leur mort. Il se rend lui-même à Colombey le 9 novembre, mais me délègue la responsabilité de fleurir les tombes de Georges Pompidou et de François Mitterrand.

Le 2 avril, je retrouve à l'entrée du cimetière d'Orvilliers, près de Mantes-la-Jolie, le sous-préfet qui me guide vers la tombe de granit clair, simple et majestueuse, du successeur du général de Gaulle. Nous sommes seuls dans les allées désertes. Je dépose la gerbe commandée par l'Élysée et me fige au garde-à-vous pendant la minute de silence. La cérémonie s'achève avant que j'aie eu le temps de mobiliser dans ma mémoire les souvenirs de la présidence écourtée de Georges Pompidou. Je sais la vénération qu'a pour lui Jacques Chirac et, pour ma part, j'ai aimé son *Anthologie de la poésie française*, acquise dès sa parution en 1961. On dit qu'avant son élection il réunissait des amis dans sa propriété voisine, la « maison blanche », pour leur lire ou leur réciter des poèmes. Son intérêt pour la Défense et les armées était mesuré, mais il n'a rien sacrifié de l'héritage du Général. Il reste surtout un symbole des Trente Glorieuses dont il fut un acteur respecté, animé par une foi dans le progrès qui surprend aujourd'hui.

Le 8 janvier, je suis à Jarnac, la ville natale de François Mitterrand. Je sais, comme tout le monde, qu'il aurait préféré Bibracte où, dit-on, Vercingétorix rallia les tribus gauloises, mais cet amoureux de Chardonne n'a jamais renié ses racines charentaises. La sous-préfète m'attend avec quelques fidèles de l'ancien président. Les ténors du parti socialiste viendront plus tard, avec la presse.

Le cimetière est moins plaisant que celui d'Orvilliers, semé de chapelles néogothiques un peu prétentieuses élevées par des bourgeois qui, à la fin du XIXe siècle, ont voulu affirmer, jusque dans la mort, leur position sociale. Nous nous arrêtons devant l'une d'entre elles, aussi banale et défraîchie que les autres. Sur le mur du fond, une simple plaque portant son nom et les années de sa naissance et de sa mort. J'ai l'impression étrange de visiter la tombe d'un parent éloigné que j'aurais bien connu mais perdu de vue depuis quelque temps. Après le dépôt de gerbe, ses disciples de Jarnac aimeraient que je m'attarde avec eux pour évoquer leur grand homme, mais l'avion m'attend et la sous-préfète consulte ouvertement sa montre.

Le 9 novembre, chaque année, l'amiral de Gaulle nous rejoint à Villacoublay pour embarquer dans l'hélicoptère qui nous conduira à Colombey. Rituellement, avant qu'il n'arrive, le Président me sollicite : « Mon général, je compte sur vous pour parler avec l'amiral. J'ai beaucoup d'estime pour lui, mais il est insupportable. » En réalité, le fils du Général, maintenant sénateur, est d'un commerce agréable et ne manque pas d'humour. Son répertoire d'anecdotes sur son père est inépuisable et Chirac ne s'ennuie pas. Comme chaque fois, à l'approche de Châlons-en-Champagne, le brouillard s'épaissit et nous nous posons dans un champ. Un quart d'heure plus tard, le préfet nous rejoint et la fin du trajet se fait en voiture. Devant la tombe du Général, une petite foule nous attend. Après la brève cérémonie, le Président serre les mains, échange quelques mots avec les élus et nous rejoignons notre hélicoptère. Pendant le vol du retour, je prends la relève auprès de l'amiral. Plongé dans ses dossiers, le chef de l'État fait mine de nous ignorer mais ne peut s'empêcher d'éclater de rire quand mon vis-à-vis fait un bon mot.

30

Derniers combats

Au lendemain des élections législatives, en pleines tractations pour la formation du nouveau gouvernement, le Président m'appelle : « J'ai une question pour vous. Comment serait perçue dans les armées la nomination d'une femme à la tête du ministère de la Défense ? » Sa demande me prend par surprise, alors que je traverse à pied le pont Alexandre-III pour rejoindre Matignon où m'attend une réunion interministérielle. Ma réponse est instantanée : « Tout dépend de la femme que vous voulez nommer. » « Michèle Alliot-Marie. » « Cela marchera. Elle y croit et elle se bat. » J'en suis moins sûr, le soir, quand j'entends les commentaires de certains de mes camarades, le bruit de sa nomination ayant filtré dans les médias. Quelques jours plus tard, je suis dans le bureau de MAM, au siège du RPR, pour lui expliquer le fonctionnement du ministère, à la demande du Président. Je la sens circonspecte, prudente mais déterminée. Il n'est pas simple, pour une femme, de s'imposer à une communauté masculine et volontiers machiste. Certains généraux supporteront mal son autorité parfois pointilleuse, mais la troupe plébiscitera son courage, sa simplicité et son sens du contact.

À l'été 2002, je sens Chirac préoccupé, parfois tendu. Ce n'est pas la politique intérieure, largement déléguée à Jean-Pierre Raffarin, qui assombrit son humeur : il s'inquiète des projets américains en Irak. Il a reçu au début du mois de juin George W. Bush et a mis les pieds dans le plat.

À la fin du déjeuner servi sous la verrière Napoléon III, il lui a décrit le scénario prévisible d'une intervention militaire dans ce pays : « En quinze jours, vous serez à Bagdad. Vous aurez quelques difficultés pour contrôler la ville, mais, un mois plus tard, vous occuperez l'ensemble du territoire irakien. Alors surviendra le chaos. Vous donnerez le pouvoir à la majorité chiite et les sunnites et les Kurdes ne l'accepteront pas. Le nouveau gouvernement s'appuiera sur l'Iran, ce qui sera intolérable pour l'Arabie saoudite et ses alliés. L'Irak est une construction artificielle et fragile. Tout le Moyen-Orient sera déstabilisé. » J'observe Bush, son visage crispé sur un sourire narquois. Le président américain n'est jamais tout à fait à l'aise avec Chirac. On le sent partagé entre le respect que lui inspirent l'âge et l'expérience de son homologue et l'agacement que provoquent les conseils paternels dispensés généreusement par le dirigeant d'un pays de rang inférieur. « Il n'y aura pas d'alliance entre les chiites irakiens et les Iraniens. Mes experts sont formels. Les uns sont arabes et les autres sont perses. » Le Président le regarde avec curiosité : « Vos experts ont encore beaucoup à apprendre. La culture religieuse prime dans ces régions sur les différences ethniques et les chiites sont trop minoritaires pour ne pas être solidaires. » Bush clôt la discussion en affirmant qu'il n'y a pas de plans militaires d'intervention sur la table.

À Sainte-Mère-Église et au cimetière de Colleville où nous célébrons ensemble l'anniversaire du Débarquement, je vois se déployer le formidable appareil de communication du chef d'État le plus puissant de la planète. Sous l'œil complaisant des caméras, George Bush se livre à un ballet réglé au millimètre que mon œil de Français blasé juge inconvenant. Là où Chirac serre spontanément toutes les mains et s'aligne sur le protocole militaire, le président américain se met en scène dans des plans successifs soigneusement calculés, délivrant à ses électeurs de l'Oregon ou de l'Iowa les messages subliminaux concoctés par ses *spin doctors*. Il nous quitte brusquement avant l'arrivée au cimetière et, depuis la tribune où sont réunies les autorités, nous le voyons enfin, émergeant seul du néant derrière la colline et marchant à pas lents entre les tombes des soldats, le visage pénétré... Étonnante mise en scène d'un chef de guerre qui, en son temps, s'était dérobé à une affectation au Vietnam où sa classe d'âge avait été massivement mobilisée.

En juillet, le doute n'est plus possible et j'envoie au Président une note l'alertant sur les préparatifs des Américains et leur déploiement en cours au Moyen-Orient. Ce texte de trois pages, selon la norme d'usage pour les sujets sensibles exigeant quelques développements, décrit les mouvements de troupes engagés par nos alliés et fait état des informations glanées par les services sur les travaux en cours au Pentagone. Jacques Chirac n'a jamais imposé de limite à la longueur des notes qui lui sont soumises, mais chacun se restreint, sachant le rythme d'enfer auquel il est assujetti. J'ai pourtant découvert qu'il apprécie les synthèses de cinq ou six pages que je lui adresse épisodiquement quand je devine ses interrogations sur un sujet complexe, comme le déroulement de la professionnalisation ou l'évolution de la gendarmerie.

Ma note sur les préparatifs américains a un effet immédiat : il engage un bras de fer avec Washington pour obtenir le retour d'une mission d'inspection des Nations unies à Bagdad. Si les États-Unis croient vraiment que Saddam Hussein a un programme caché d'armes nucléaires, chimiques ou biologiques, des inspecteurs munis de pouvoirs plus larges que leurs prédécesseurs doivent pouvoir les détecter. Le vote, en novembre, de la résolution 1441 du Conseil de sécurité ordonnant le retour à Bagdad des inspecteurs de l'Agence internationale de l'énergie atomique est une vraie victoire, mais Chirac a compris que la décision d'envahir l'Irak est déjà prise dans l'esprit de Bush. Autour de lui, le vice-président Cheney et le ministre de la Défense Rumsfeld, obstinément frustrés par le refus de Bush père d'occuper le territoire irakien en 1991, répètent à l'envi : « *We must finish the job.* » Nous sous-estimons, à Paris, le traumatisme provoqué aux États-Unis par les attentats du 11 septembre qui laisse le champ libre aux idéologues néoconservateurs.

À la fin du mois d'août, Jean-Marc de La Sablière et moi avons pris l'initiative de présenter à Chirac les conséquences potentielles d'une opposition française au projet américain. Nous ne soutenons en aucun cas cette entreprise funeste, mais le Président doit avoir tous les éléments pour décider en toute connaissance de cause. Le chef de l'État nous écoute sans mot dire, le sourcil froncé, évoquer l'isolement de la France, les divisions européennes et les sanctions économiques et militaires qui pourraient en résulter. À la fin de notre exposé, il se lève, nous remercie et rentre dans son bureau.

Au début du mois d'octobre, Kelche m'annonce que l'état-major des armées a terminé la planification d'une éventuelle participation à l'intervention américaine. Il souhaite la présenter au Président avant que je ne lui succède. Depuis la campagne présidentielle, je sais que le chef de l'État a décidé que je serais le prochain chef d'état-major des armées. Quand le général lui a fait part de son désir de quitter ses fonctions quatre mois avant l'échéance de son âge, il ne s'y est pas opposé et m'a dit simplement : « Voyez avec lui la date qui vous convient le mieux et trouvez-moi quelqu'un qui soit capable de vous remplacer. » Épuisé par quatre années de crises continues, mon prédécesseur ne souhaite pas avoir à gérer le lancement de nouvelles opérations. Chirac accepte aussitôt de le recevoir : « Je ne peux pas le refuser au général Kelche. » Dans la grande salle du PC Jupiter réservée pour nous trois, le CEMA expose, *Power Point* à l'appui, les deux options possibles. Le Président l'écoute attentivement, mais ne pose aucune question et ne lui donne pas de directives. Ma conviction est faite : la France ne participera pas.

Dans le même temps, la crise couve en Côte d'Ivoire. Ce pays qui fut le fleuron des colonies africaines de la France et connut une longue période de prospérité avec Houphouët-Boigny est en crise depuis le coup d'État de 1999. Le président Gbagbo, mal élu en 2000, a repris à son compte la politique xénophobe d'« ivoirité » de son prédécesseur Bédié et la colère gronde dans le nord du pays et dans la communauté des nombreux descendants de migrants burkinabés. Le 19 septembre, des militaires mutins, se jugeant victimes de discrimination, prennent le contrôle de Korhogo, la grande ville du Nord, et lancent une colonne armée en direction de Bouaké, au centre du pays. Les forces loyalistes sont impuissantes à les arrêter et Gbagbo demande à la France la mise en œuvre des accords de défense.

Je reçois le lendemain un appel de Chirac : « Mon général, Dominique est avec moi pour me parler de la Côte d'Ivoire. Venez nous rejoindre. » Je les trouve dans le Salon vert, penchés sur une carte apportée par Villepin. « Gbagbo m'a appelé au secours. Il prétend être attaqué par le Burkina. Qu'en est-il ? » Le ministre des Affaires étrangères et moi sommes formels : les mutins sont tous ivoiriens. Tout au plus peut-on imaginer qu'ils ont été en partie armés par les Burkinabés. Le Président tranche : « Les accords de défense ne s'appliquent donc pas. Que se passera-t-il si nous laissons faire ? » Je viens de m'entretenir longuement avec le général Puga, chef du centre d'opérations, et je peux lui faire un point de situation précis. À Abidjan règne la confusion. On soupçonne des milices proches de Gbagbo d'avoir assassiné le général Gueï, l'ancien président, et de faire régner la terreur dans certains quartiers. Les 25 000 Français vivant dans la capitale se sentent en danger. Si les rebelles entrent dans la ville, les combats seront sanglants et nous n'aurons ni le temps ni les moyens d'évacuer nos ressortissants. Il faut empêcher les mutins d'atteindre Abidjan. Je sens Chirac très réticent. « L'armée ivoirienne devrait s'en charger, éventuellement avec notre aide. » Puga m'a convaincu de l'incapacité des forces locales à résister à l'offensive des rebelles et je l'exprime avec force. Par crainte d'un coup d'État, Houphouët-Boigny s'est employé avec succès à rendre son armée inefficace et ses successeurs n'ont rien fait pour l'améliorer. Les meilleurs soldats sont chez les mutins.

Villepin plaide avec moi pour une intervention française et le Président cède à regret. Le coup d'arrêt porté par le bataillon français d'Abidjan aura lieu au nord de Yamoussoukro. Chirac insiste auprès de Villepin pour que nous restions le plus neutres possible. C'est à Gbagbo et aux chefs d'État de la région qu'il revient de gérer cette crise.

Ainsi débute la plus longue et la plus délicate opération militaire des deux mandats présidentiels. Chirac s'y engage à contrecœur, d'autant qu'il n'a aucune estime pour Gbagbo, le « boulanger » comme l'appellent ses concitoyens pour sa propension à rouler ses interlocuteurs dans la farine. Il sait le rôle néfaste joué par sa femme, sous l'emprise d'un pasteur émule de Raspoutine et la présence à ses côtés de chefs de bande (« Les Jeunes Patriotes ») violemment anti-Français.

Contrairement à ce que croyait Kelche, ma plus lourde responsabilité opérationnelle, en tant que chef d'état-major des armées, ne sera pas l'Irak, mais bien la Côte d'Ivoire. Au moins n'aurai-je pas à me plier aux contraintes d'une coalition dirigée par les États-Unis et mon amour inconditionnel de l'Afrique trouvera-t-il à s'exprimer dans cette aventure compliquée dictée par le seul souci de protéger nos compatriotes et d'empêcher la guerre civile de se développer dans ce grand pays si proche de la France. Quatre ans plus tard, je recevrai, à la veille de mon adieu aux armes, un appel téléphonique du président Gbagbo me remerciant de mes efforts pour ramener la paix en Côte d'Ivoire...

Ma dernière bataille, cruciale pour l'avenir des armées, se livre dans le champ budgétaire. Après cinq ans de restrictions, l'équipement des forces affiche un retard préoccupant. Chirac est décidé à consentir un effort important pour consolider la professionnalisation qui s'achève, mais le Premier ministre cherche désespérément des économies. Le compromis auquel nous parvenons après de longues tractations me paraît acceptable. Quelques semaines, hélas, me suffiront pour mesurer l'étendue des dégâts causés par le sous-financement prolongé de l'appareil militaire. Notre armée de métier se remet difficilement de ses débuts laborieux et seuls le courage et le dévouement de ses hommes permettent de pallier ou de masquer ses faiblesses. Un effort budgétaire soutenu est indispensable pour remettre à niveau des équipements vieillissants, combler des lacunes capacitaires et renforcer les moyens humains et matériels d'unités trop sollicitées.

31

Adieux

Il est temps de partir. Près de sept ans à l'Élysée constituent une anomalie flagrante dans une carrière où j'ai rarement exercé une fonction pendant plus de deux ans. Mon futur porte-parole, le colonel Baptiste, dont je découvrirai bientôt l'exceptionnel talent, ne me le cache pas : « Vous avez la réputation d'être un officier "politique". Il va falloir modifier votre image. » Je proteste, en faisant valoir mon expérience du commandement, plus large que la moyenne, mais il a raison. La perception qu'ont les militaires de leur chef peut être déterminante. Mon premier mois de chef d'état-major sera consacré à la visite des théâtres d'opérations où nos forces sont engagées : en Bosnie, au Kosovo, en Côte d'Ivoire, au Tchad, en Afghanistan et au Liban.

Pendant les quatre années que je passe à la tête des armées, je revois souvent le Président à l'occasion des Conseils de défense, des conseils restreints et des cérémonies nationales. Au cours des mois qui suivent mon départ de l'Élysée, il lui arrive souvent de m'appeler. Je réponds à ses questions, sans manquer de lui dire que mon successeur, le général Georgelin, est au courant. Heureux et flatté qu'il ne m'ait pas oublié, je tiens à ce qu'il accorde sa confiance au chef de son état-major particulier. Nous serons plus forts en tandem quand viendra le temps des arbitrages. Le 14 juillet 2003, je passe les troupes en revue à ses côtés, dans le command-car présidentiel, un moment rare de félicité, dans une complicité retrouvée.

Au fil des ans, le lien qui nous unit se relâche sans que la confiance réciproque en soit affectée. Georgelin remplit pleinement sa fonction et a pris légitimement ma place dans l'affection que Chirac porte à ses proches collaborateurs.

En vidant l'ancien bureau de Murat qui fut le mien pendant près de sept ans, je mesure la chance qui m'a été donnée de vivre ces années auprès de deux chefs d'État qui ont marqué leur temps. Je n'ai jamais prétendu appartenir au premier cercle de leurs proches et je ne surestime pas ma contribution à leurs décisions, mais j'ai vu vivre et opérer l'appareil d'État à son sommet et je pense avoir compris, en partie du moins, les ressorts du pouvoir.

J'ai aimé la passion pour la France et pour le service de l'État qui animait les deux présidents que j'ai servis. J'y retrouvais les raisons premières de mon engagement. J'ai admiré la dignité qu'ils préservaient dans l'exercice de la plus haute fonction de la Nation : plus hiératique et solennelle chez François Mitterrand, plus familière et plus humaine chez Chirac, mais toujours respectant la règle non écrite de la distance à l'égard des hommes et des événements qui sacralise la personne du souverain*. Mes contacts avec la classe politique m'ont

* La dignité s'accommode volontiers de l'humour. On se souvient de cette réplique de Jacques Chirac à un trublion qui l'insultait au Salon de l'agriculture : « Salaud ! » « Bonjour ! Moi, c'est Jacques Chirac ! »

agréablement surpris. Chez la plupart des hommes qui la composent, j'ai rencontré un souci prioritaire de l'intérêt général, même si nous en avions parfois une définition différente. Certains, comme Lionel Jospin, étaient plus préoccupés des Français que de la France et cette approche, que je comprenais sans l'approuver, me troublait à ce niveau de l'État, car elle affaiblissait le sentiment patriotique dans un pays déjà trop enclin à la division. Pendant la Grande Guerre, Pétain et même Foch exprimaient volontiers leur mépris pour les politiciens. Je n'ai jamais eu de telles préventions. Les ministres et les parlementaires que j'ai côtoyés ne répugnaient pas toujours aux manœuvres de couloir et aux bons mots assassins, mais leur professionnalisme et leur sens de l'État en étaient rarement affectés. Je découvrais que ces hommes et ces femmes avaient accepté de sacrifier leur vie privée pour une cause qui les dépassait. Leur ambition et leur goût du pouvoir ne suffisaient pas à rendre compte de leur engagement total dans des fonctions qui les exposaient constamment à la suspicion et à la haine ordinaire.

Dans l'ombre des princes, à l'Élysée, à Matignon et dans les cabinets ministériels, mes interlocuteurs habituels étaient surtout des conseillers, énarques le plus souvent, venus là pour le frisson des ailes du pouvoir et le coup d'accélérateur escompté dans leurs carrières. Dans cette meute de jeunes loups, les vieux sages, comme Charasse, Ulrich ou Monod, inspiraient crainte et respect. Tous avaient en commun un dévouement sans bornes à celui qui les avait distingués et une capacité de travail qui, parfois, m'impressionnait. Dans le métier militaire, les horaires sont lourds et la disponibilité est une règle absolue, mais on n'y cultive pas l'acharnement au règlement des dossiers que j'ai observé dans les cabinets. Cela explique sans doute l'emprise que les jeunes conseillers peuvent prendre sur certaines structures civiles et sur la chaîne de commandement militaire.

Il y a là un paradoxe gênant. Il est certes légitime que le gouvernement veuille se faire obéir des administrations, mais il n'est pas normal que des membres de cabinets souvent très jeunes et ayant des sujets une connaissance purement livresque imposent à des responsables expérimentés des choix technocratiques, voire idéologiques. Dans beaucoup de ministères, ce jeu est tempéré par la puissance des syndicats. Ce n'est pas le cas dans les armées, qui courent de réforme en réforme dans une fuite éperdue, sans jamais, pour autant, cesser de s'entraîner et de combattre aux quatre coins du monde.

À l'état-major particulier, j'ai participé directement à la gestion des crises et des conflits dans lesquels nos armées étaient engagées. Je suis convaincu que notre procédure de décision est une des meilleures du monde : réactive car il n'y a pas de frein parlementaire*, rationnelle car toutes les administrations concernées

* La réforme constitutionnelle de 2008 a judicieusement renforcé le rôle du Parlement dans la gestion des crises et conflits en imposant un débat sans vote dans les trois jours suivant la décision présidentielle d'engager des forces en opérations et surtout en contraignant l'Exécutif à demander, au bout de quatre mois, l'aval des parlementaires à une prolongation éventuelle de cet engagement. Cette procédure garantit un débat public, normal dans un pays démocratique, et essentiel pour le soutien de l'opinion à nos forces. *A contrario*, dans la plupart des pays européens, un feu vert du Parlement est requis avant le déploiement initial, ce qui, au minimum, retarde le processus de décision d'une quinzaine de jours.

y participent et réaliste car les chefs militaires y sont associés de bout en bout. On doit, on s'en souvient, à François Mitterrand d'avoir institutionnalisé les conseils restreints en mettant fin aux décisions prises sur un coin de table qui prévalaient jusque-là. Il reste que les choix sont toujours ceux d'un homme faillible, le président de la République, même s'il est éclairé par un dialogue bien préparé. C'est pourquoi il me paraît essentiel que le chef d'état-major des armées et le chef de l'état-major particulier soient choisis non pour leur docilité mais pour leur compétence et leur caractère. En 1941, Churchill a nommé à la tête des armées britanniques le général Brooke, qui s'opposait fréquemment à ses choix, et il l'a gardé pendant quatre ans. Johnson, au contraire, à l'époque du Vietnam, a désigné Wheeler, le plus pusillanime de ses généraux, avec le résultat qu'on sait. Or nul n'ignore que la loyauté fervente qui s'exprime autour du chef de l'État vire aisément à la complaisance, surtout chez ceux, diplomates et militaires, qui attachent du prix à la discipline intellectuelle. Celle-ci demeure, certes, la base de tout projet collectif, mais elle ne dispense pas du sens de l'État et du courage de s'opposer quand on juge en conscience que le Président fait fausse route. Il est d'ailleurs symptomatique que les seules administrations qui appliquent intégralement les décisions du chef de l'État soient le Quai d'Orsay et la Défense. Ailleurs, à commencer par Bercy, on interprète, on tergiverse, on négocie, on mégote et on enterre quand on le peut.

Il serait cependant malhonnête de prétendre que je n'ai pas été sensible à la mise en scène du pouvoir républicain et à l'influence que j'ai pu parfois exercer sur les décisions du Président. J'étais comblé quand

François Mitterrand reprenait en Conseil de défense les arguments ou les conclusions que j'avais rédigés à son intention et rien ne me faisait plus plaisir que d'entendre Jacques Chirac prononcer mot pour mot les discours que j'avais écrits. Pourtant, mes souvenirs les plus chers sont ailleurs, dans les moments privilégiés que j'eus en tête à tête avec lui, quand il fendait un peu, si peu, l'armure.

Les coulisses du pouvoir, en revanche, m'ont souvent rebuté. Je n'étais pas préparé aux jeux courtisans et aux mensonges qui y sont pratique courante et j'ai détesté de devoir parfois m'y prêter pour faire comprendre que je pouvais mordre, moi aussi. De même ai-je été choqué de voir certains abuser des biens de l'État et tirer profit de leur position pour améliorer leur confort personnel ou enrichir la liste de leurs obligés. Rien ne m'agace plus, d'ailleurs, que d'entendre un officier évoquer, avec un sourire carnassier, son carnet d'adresses. Je ne suis pas naïf au point d'ignorer que les relations sont utiles et peuvent s'avérer déterminantes dans des situations de détresse. Pour ma part, je ne me suis jamais résolu à les programmer ni à les entretenir. C'est peut-être l'effet chez moi d'une trop grande réserve ou d'un manque de sociabilité, mais ceux qui constituent et exploitent des réseaux de contacts pour se faire une place au soleil m'inspirent plus de commisération que d'amusement.

Passer du rôle de conseiller à celui de responsable ne me fait pas peur. Un de mes chefs favoris prétendait qu'il y avait deux types d'officiers : ceux qui avaient tiré un trait sur leurs expériences passées et ceux qui n'avaient rien oublié de leurs enthousiasmes et de leurs erreurs. À l'Élysée, je m'étais efforcé de ne pas mettre sous le boisseau ce que j'avais été ou ce que j'avais vécu. Chef d'état-major des armées, aux souvenirs enivrants du lieutenant de Bigeard ou du chef de corps émerveillé par ses hommes que je fus, je joindrai la connaissance acquise, parfois durement, des allées et des aléas du pouvoir.

Le matin de mon départ, après que Philippe Bas m'a remis les *Mémoires de M. d'Artagnan* dans l'édition de 1702, somptueux cadeau collectif cher à mon cœur de Gascon, Chirac fait, comme il se doit, mon éloge public. Au-delà des conventions du genre, je suis surpris de voir à quel point il a su pénétrer la carapace lissée dont je me protégeais.

À l'instant des ultimes photos, dans son bureau, il me glisse à voix basse : « J'ai de la peine à vous voir partir. » Je ne suis pas le premier à qui il le dit, mais je sais qu'il est avare de ces confidences qui offensent sa pudeur. La gorge nouée, je lui réponds : « Moi aussi, monsieur le Président, j'ai de la peine à partir. »

Table

Achevé d'imprimer en février 2021
dans les ateliers de Normandie Roto Impression s.a.s.
61250 Lonrai
N° d'impression : 2100694

Imprimé en France